rowohlts monographien
begründet von Kurt Kusenberg
herausgegeben
von Wolfgang Müller

Augustus

mit Selbstzeugnissen
und Bilddokumenten
dargestellt von
Marion Giebel

rororo bildmonographien

Rowohlt

Dieser Band wurde eigens für «rowohlts monographien» geschrieben
Den Anhang besorgte die Autorin
Herausgeber: Klaus Schröter
Assistenz: Erika Ahlers
Schlußredaktion: K. A. Eberle
Umschlagentwurf: Werner Rebhuhn
Vorderseite: Augustus-Kopf
(Römisch-Germanisches Museum, Köln)
Rückseite: Augustus von Primaporta. Kopie um 14 n. Chr. nach einem Original um 20–17 v. Chr.
(Rom, Vatikanisches Museum)

Veröffentlicht im Rowohlt Taschenbuch Verlag GmbH,
Reinbek bei Hamburg, März 1984

Satz Times (Linotron 202)
Gesamtherstellung Clausen & Bosse, Leck
Printed in Germany
1080-ISBN 3 499 50327 1

15.–17. Tausend Februar 1991

Inhalt

Augustus mit der Bürgerkrone, spätaugusteisch. München, Staatliche Antikensammlung und Glyptothek

Die Iden des März

Gaius Octavius, Caesar Octavianus, Augustus – drei verschiedene Namen führte der Mann, der 56 Jahre an der Spitze des römischen Reiches stand. Als Bürgerkriegsgeneral, Gefolgschaftsführer und Friedensfürst vollzog er die Wandlungen der Zeit exemplarisch an sich selbst. Als er mit 75 Jahren auf sein Leben zurückblickte, konnte er von sich sagen, er habe die Flammen der Bürgerkriege gelöscht, die Grenzen des Reiches ausgedehnt und dreimal den Janustempel geschlossen: zum Zeichen des Weltfriedens, der Pax Augusta.

Dem Sohn einer Mittelstandsfamilie aus einer latinischen Kleinstadt war es nicht an der Wiege gesungen worden, daß er zum Herrn der Welt aufsteigen sollte. Er war zwar der Großneffe Julius Caesars, aber wer konnte voraussehen, daß der junge Octavius Caesars Erbe sein würde, nachdem der große Feldherr einem Mordanschlag zum Opfer gefallen war? Der Tod Caesars an den Iden des März 44 v. Chr. veränderte nicht nur die politische Lage in Rom, er veränderte vor allem das Leben des achtzehnjährigen Gaius Octavius, der Hörsaal und Exerzierplatz verließ, um die Bühne der Weltgeschichte zu betreten.

Nachdem Julius Caesar als Sieger aus dem Bürgerkrieg zurückgekehrt war, erwartete man von ihm Großtaten des Friedens, ebenso eindrucksvoll wie seine militärischen Erfolge. «Du mußt die Republik auf ein festes Fundament stellen und sie für die Zukunft sichern, nicht nur durch Waffengewalt und gegen äußere Feinde, sondern, was viel, viel schwerer ist, durch die schönen Künste des Friedens. – Nur das eine bleibt dir noch übrig: Du mußt die Republik wiederherstellen!» So mahnten Sallust und Cicero den Diktator Caesar.[1*] Dieser war sich bewußt, was nach Beendigung des Bürgerkriegs nun seine Aufgabe war:

«... die Befriedung Italiens, die Ruhe in den Provinzen und die Wohlfahrt des Staates.»[2] Ob es dazu aber der Wiederbelebung der republikanischen Staatsform bedurfte, darüber war Caesar anderer Meinung als seine Ratgeber. Die althergebrachte Verfassung mit ihrer Ständeordnung und ihrer magistratischen Leitung war geeignet gewesen, einst den Stadtstaat Rom zu verwalten; für die Regierung des römischen Weltreichs

* Die hochgestellten Ziffern verweisen auf die Anmerkungen S. 135f.

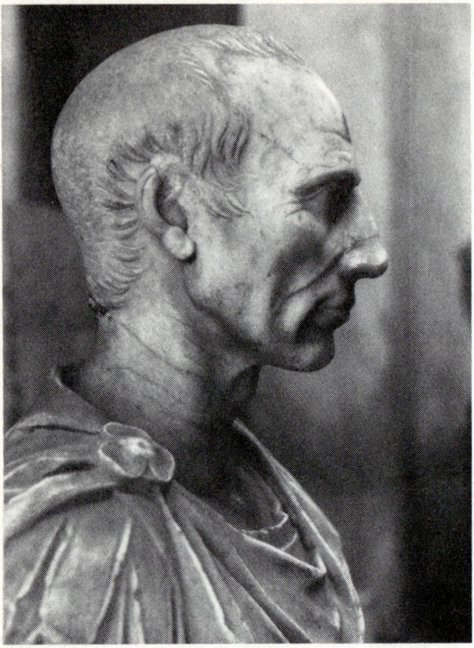

Julius Caesar, um 42 v. Chr.
Rom, Vatikan

hatte sie sich als unzulänglich erwiesen. Was allein die republikanische Ordnung garantiert hatte, das Gleichgewicht der Kräfte innerhalb der Gesellschaft, war längst nachhaltig gestört. Statt dessen dominierten das Gruppeninteresse der einzelnen Stände sowie Machtgier und Eigennutz der Großen, die sich nicht mehr in die Ordnung der res publica, der gemeinsamen Sache, einfügen wollten. Caesar selbst hatte zur Zerstörung dieser Ordnung beigetragen, als er um seiner eigenen Vormachtstellung willen den Rubikon überschritt und den Bürgerkrieg entfesselte. Sein Sieg erschien ihm zugleich als ein Triumph über die abgelebte Form des römischen Staatswesens: «Die res publica ist ein Nichts, ein bloßer Name ohne Substanz und Gestalt», soll er öffentlich geäußert haben.[3] Es blieb ihm unbegreiflich, daß den Römern ihre res publica, die Republik der Väter, trotz ihrer offensichtlichen Mängel so am Herzen lag, daß sie unbedingt ihre Wiederherstellung wünschten, anstatt sich seiner überlegenen Führung anzuvertrauen. So dachte er auch nicht daran, das Amt des Diktators, das ihm bei Kriegsende übertragen worden war, nach herkömmlicher Sitte fristgemäß niederzulegen. Er übernahm vielmehr eine Diktatur auf Lebenszeit und enttäuschte damit viele, die gehofft hatten, er werde nach dem Beispiel Sullas die politischen Verhältnisse ordnen und sich dann ins Privatleben zurückziehen. Caesar ließ hierzu kurz und bündig verlauten, Sulla sei ein politischer Analphabet gewesen. Kraft seiner diktatorischen Vollmachten entfaltete Caesar eine umfassende gesetzgeberische und organisatorische Tätigkeit. Seinem Wahlspruch gemäß: Veni, vidi, vici (Ich kam, sah und siegte) nahm er dabei keine Rücksicht auf den üblichen Instanzenweg mit den langsam mahlenden Mühlen der Senatsregierung. Er gedachte, mit Hilfe seiner perfekt arbeitenden Kanzlei das römische Reich ebenso effektiv zu organisieren wie das von ihm eroberte Gallien. Seine Mitbürger aber reagierten mit Unbehagen und Ablehnung. Sie sahen sich konfrontiert mit einer Fülle von administrativen Akten und organisatorischen Maßnahmen. Diese mochten zwar im einzelnen nützlich sein, sie ergaben jedoch keine tragfähige Grundlage für eine neu zu begründende Ordnung. Die alte res publica war für Caesar ein Nichts – offen mißachtete er ihre Einrichtungen und setzte sich über ihre Traditionen hinweg. Aber was hatte er als Alternative anzubieten? Statt eines Ideals, einer «gemeinsamen Sache», gab es für ihn nur die eigene Person. Mit pragmatischer Konsequenz und einzigartigem Selbstbewußtsein setzte er sich selbst an die Stelle des alten, seiner Meinung nach überholten res publica-Ideals. Er ließ sich mit immer neuen Ehren auszeichnen, die ihn aus der Gemeinschaft der römischen Bürger heraushoben und in die Sphäre eines gottähnlichen Herrschers versetzten. Mit jeder neuen Ehrung vergrößerte sich die Kluft zwischen ihm und seinen Mitbürgern. Ein Konsens war nicht mehr möglich. Den Prozeß fortschreitender Entfremdung und Isolierung, dem Caesar schließlich zum Opfer fiel, hat der Historiker Christian Meier unter dem bezeichnenden Titel «Die Ohnmacht des allmächtigen Diktators Caesar» dargestellt.[4] Caesar empfand die unbewältigte Problematik und spürte das daraus entstandene frostige Klima. Ein großer Kriegszug sollte ihm als Ausweg aus den innenpolitischen Schwierigkeiten dienen. So rüstete er zu einem Feldzug gegen die Parther. Dieser Nachfolgestaat des persischen Großreichs hatte im 1. Jh. v. Chr. sein Herrschaftsgebiet immer mehr nach Westen ausgedehnt und war in Konflikt mit Rom gekommen. Marcus Crassus, Triumvir mit Caesar und Pompeius, hatte einen Feldzug gegen die Parther geführt und bei Carrhae 53 v. Chr. eine vernichtende Niederlage erlitten. Er verlor die römischen Feldzeichen, viele Soldaten gerieten in Kriegsgefangenschaft, und Crassus selbst wurde getötet. Carrhae galt als Makel auf dem Ehrenschild Roms, und die «Partherschmach», die gesühnt werden müsse, wurde zum politischen Reizthema. Zum gegenwärtigen Zeitpunkt bestand allerdings keine zwingende Notwendigkeit, die Parther anzugreifen. Rom war durch einen Kranz von Vasallenstaaten gut abgesichert. Aber eine Eroberung des Partherreichs würde Caesar natürlich einen enormen Prestigegewinn bringen und seine Gegner verstummen lassen. Zunächst mußte er für die lange Zeit seiner Abwesenheit seine Stellung in Rom sichern und sich den Ländern des Ostens gegen-

Caesar mit dem goldenen Kranz.
Denar, 44 v. Chr.
London, Britisches Museum

Marcus Junius Brutus.
Aureus, um 43/42 v. Chr.
London, Britisches Museum

über als Herrscher legitimieren. Daher mehren sich in dieser Zeit, im Winter 45/44, die Anzeichen dafür, daß Caesar eine monarchische Stellung anstrebte. Ob er wirklich den verhaßten Namen eines rex annehmen wollte, oder ob er an eine hellenistisch geprägte Monarchie dachte, modifiziert durch den Rückgriff auf Elemente des altrömischen Königtums?[5] Seine Zeitgenossen empfanden Caesars Vormachtstellung auf Grund der übermäßigen Ehrenbeschlüsse jedenfalls als unerträglich.

Da war die Szene beim Luperkalienfest im Februar 44, als Caesar von seinem Gefolgsmann Antonius ein Königsdiadem angeboten wurde. Caesar lehnte zwar ab, aber tat er es nicht erst, als das Volk laut murrte? Und war es ein Zufall, daß kurz danach das Gerücht kursierte, einem Orakel zufolge könnten die Parther nur von einem König besiegt werden? Um kein zweites Carrhae heraufzubeschwören, mußte man Caesar also den Königstitel zuerkennen. Dieser Titel sollte freilich auf die außeritalischen Provinzen beschränkt sein. Aber würde Caesar, der den Rubikon überschritten hatte, bei seiner Rückkehr auf italischem Boden das Diadem vom Haupt nehmen? Caesar und seine Anhänger hatten eine

Zwangslage geschaffen, und die Gegenseite sah keinen Ausweg als die gewaltsame Beseitigung des künftigen Königs der Römer. An den Iden des März, unmittelbar vor dem geplanten Abzug in den Parther-Krieg, fiel Caesar den Dolchen der Verschwörer zum Opfer.

Brutus und Cassius hatten sich jedoch geirrt, wenn sie glaubten, daß mit der Beseitigung Caesars automatisch die alte libera res publica (der römische Freistaat) wiedererstehe. Der Mangel einer klaren politischen Konzeption führte dazu, daß die idealistischen Freiheitshelden binnen weniger Tage von der Bühne verdrängt wurden. Der Konsul Marcus Antonius ergriff die Initiative, besetzte alle Schlüsselpositionen und setzte es durch, daß Caesars Verordnungen in Kraft blieben. Das Leichenbegängnis Caesars bot Antonius die Gelegenheit, das Volk gegen Caesars Mörder aufzubringen. Angesichts der drohenden Haltung der Menge verzichteten die «Befreier» schließlich auf ihre Ämter in der Stadt und zogen sich aufs Land zurück. Damit hatte Antonius freie Hand: Der Tyrann ist tot, aber die Tyrannis lebt, mußte man sich schließlich eingestehen.

Der Erbe Caesars

Als bei Caesars Leichenfeier sein Testament verlesen wurde, war die Volksmenge, gerührt durch die reichen Schenkungen, in Aufruhr geraten. Ein mehr privater Passus des Testaments war dadurch in den Hintergrund getreten. Caesar hatte seinen Großneffen Gaius Octavius testamentarisch adoptiert und zum Haupterben eingesetzt. Dieser sollte den Namen Caesar tragen und in die julische Familie aufgenommen werden. Der Diktator war nach dem Tod seiner Tochter kinderlos geblieben. Sein nächster männlicher Verwandter war sein Großneffe, Enkel seiner Schwester Julia, Sohn seiner Nichte Atia. Atias Mann, Octavius' Vater, war Gaius Octavius aus der Latinerstadt Velitrae (Velletri), ein Angehöriger des Ritterstandes. Als homo novus, das heißt nicht dem römischen Amtsadel entstammend, hatte er die Prätur und eine Provinzstatthalterschaft innegehabt, war aber vor dem Konsulat gestorben. Der Großvater väterlicherseits hatte ein bedeutendes Vermögen in die Familie eingebracht; er betrieb Bankgeschäfte und bekleidete Ämter in Velitrae. Caesars Adoptivsohn, der spätere Augustus, war am 23. September 63 in Rom geboren, im Jahr von Ciceros Konsulat. Es heißt, der Vater Gaius Octavius sei an diesem Tag zu spät in den Senat gekommen und habe sich mit der Geburt seines Sohnes entschuldigt. Es wurde gerade über die Verschwörung des Catilina verhandelt. Der gescheiterte Umsturzversuch des Catilina war faktisch gesehen nicht mehr als eine Episode jener unruhigen Jahre seit den Kriegswirren und der Gewaltherrschaft des Marius und Sulla 88 bis 79 v. Chr. Catilinas Griff nach der Macht im Geburtsjahr des Octavian-Augustus war jedoch ein Symptom für den Zustand der römischen Republik. «Das Jahr 63 bezeichnet den Mittelpunkt der Übergangsepoche, in der sich der politische Schwerpunkt von der Bedeutung der Stände zu der Macht der Einzelpersönlichkeiten verschob.»[6] Catilinas Angriff konnte von der Senatsregierung noch abgewehrt werden. Drei Jahre später aber verbanden sich Caesar, Pompeius und Crassus zum Triumvirat, einer Allianz mit dem Ziel, die wichtigsten Schlüsselpositionen im Reich zu besetzen. 59 v. Chr. war Caesar Konsul, dann Statthalter und Feldherr in Gallien. 49 überschritt er den Rubikon und entfesselte den Bürgerkrieg. 48 errang er bei Pharsalos den Sieg über Pompeius und die Anhänger der Senatsregierung, 46 und 45 vernichtete er die letzten

Gaius Octavius, Vater des Octavian-Augustus. Kopf einer Statue, um 60 v. Chr. München, Staatliche Antikensammlung und Glyptothek

Heere der Republikaner. Das war die Zeit, in der Gaius Octavius aufwuchs. Die vielgerühmte freie res publica, in der Senat, Volksversammlung und Magistrate ein Gleichgewicht der Kräfte bildeten, hatte er nie erlebt. Seit er als Fünfzehnjähriger die Männertoga angelegt hatte, gab es für ihn nur das zwiespältige Staatswesen einer Republik, die zwar nominell noch präsent, ihrer Funktion nach aber nicht mehr existent war. Sie erhielt ihre Direktiven von einer einzigen Persönlichkeit, in deren Schatten alle Römer lebten, besonders aber der junge Octavius. Der mächtige, alles beherrschende Großonkel muß für das Kind und den Jüngling ein wahrer «Übervater» gewesen sein. Caesar maß seiner Familie, der gens Julia, großen Wert bei. Mütterlicherseits stamme sein Geschlecht von den altrömischen Königen ab, väterlicherseits aber von den Göttern, erklärte er. Als großer Ahnherr galt ihm Julus, nach dem Mythos der Sohn des Aeneas und Enkel der Göttin Venus. Der Stammutter seines Geschlechts, der Venus Genetrix, erbaute Caesar einen Tempel in der Mitte seines neuen Forums. Er war bestrebt, seinen jungen

Tempel der Venus Genetrix in Rom, 46 v. Chr. von Julius Caesar zu Ehren der Stammutter des Julischen Geschlechts erbaut

Verwandten in die Familientradition einzuführen. So ließ er ihn als Zwölfjährigen in der Öffentlichkeit die Grabrede auf seine Großmutter Julia (Caesars Schwester) halten. Auch wollte er ihn möglichst früh im Kriegswesen schulen, was der Gesundheitszustand des Großneffen jedoch nicht erlaubte. Octavius war ein schwacher und kränklicher junger Mann, der sich seiner Rolle als Zögling des größten Feldherrn seiner Zeit kaum gewachsen zeigte. Mit der Leitung der römischen Spiele beauftragt, zog er sich in der Sonnenglut ein heftiges Fieber zu. Daher konnte er Caesar nicht auf seinem Feldzug nach Spanien begleiten. Sobald wie möglich reiste er ihm nach: Weder durch Schiffbruch noch durch feindliche Überfälle ließ er sich von seinem Weg abbringen. Wohlwollend empfing ihn der Imperator und ließ ihn von nun an nicht mehr von seiner Seite. So liest man es bei dem griechischen Biographen Nikolaos von Damaskus. Er stützt sich in seiner fragmentarisch erhaltenen Darstellung auf die leider verlorene Autobiographie des Augustus. Die Tendenz ist unverkennbar: Ut desint vires, tamen est laudanda voluntas (Wo die Kräfte fehlen, ist doch der Wille zu loben).

Während Caesar für den Parther-Feldzug rüstete, schickte er Octavius voraus nach Apollonia (im heutigen Albanien). An der Via Egnatia gelegen, der Straße, die Italien mit dem Balkan und den kleinasiatischen Ostprovinzen verband, war Apollonia Hafen, Militärstützpunkt und auch Sitz einer angesehenen Hohen Schule. Hier sollte Octavius seine Studien fortsetzen, militärische Übungen betreiben und sich Caesar anschließen, wenn dieser mit dem Heer dort vorbeikam. Der junge Mann wurde von mehreren Freunden begleitet. Zwei von ihnen sollten sein ganzes Leben an seiner Seite sein: Gaius Cilnius Maecenas und Marcus Vipsanius Agrippa. Maecenas, der Sproß aus altem etruskischem Adel, war später nicht nur ein Mäzen, ein tatkräftiger Förderer junger Talente, er wurde vor allem ein treuer und selbstloser Ratgeber, der Octavian-Augustus zeitlebens mit großem diplomatischem Geschick und politischem Taktgefühl zur Seite stand. Agrippa konnte sich keiner erlauchten Ahnen rühmen. Seine Stärke lag auf militärischem Gebiet. Er war der geborene Soldat, und eine große Karriere schien ihm sicher. Die engsten Freunde des Octavius waren also ein Diplomat und ein Soldat; die Wahl hätte nicht glücklicher sein können.

Im März 44 nahm die ruhige Zeit der Studien in Apollonia ein jähes Ende. Aus einem Brief seiner Mutter erfuhr Octavius, daß Caesar von seinen engsten Freunden ermordet worden sei. Die Mutter riet ihrem Sohn, sogleich nach Rom zu kommen, aber jegliches Aufsehen zu vermeiden. Die Nachricht verbreitete sich, und die Offiziere in Apollonia wollten mit Octavius nach Rom ziehen, um ihm militärischen Schutz zu gewähren. Er aber begab sich als Privatmann, nur in Begleitung seiner Freunde, auf den Weg nach Italien. Er vermied Brundisium, wo starke Heeresverbände zur Überfahrt bereitstanden, und ging in Lupiae (Lecce), abseits der üblichen Seeroute, an Land. Hier erreichte ihn ein Brief seiner Verwandten mit einer Abschrift von Caesars Testament. Daraus erfuhr er, daß Caesar ihn an Sohnes Statt angenommen hatte. Er erfuhr auch, die Lage in Rom sei verworren; nicht Caesars Freunde oder Feinde, sondern Antonius beherrsche die Stadt. Die Verwandten rieten, die Adoption abzulehnen und auf das Erbe zu verzichten.

Man weiß wenig über die schwerwiegenden Überlegungen des erst Achtzehnjährigen in dem einsamen Hafenstädtchen Kalabriens. Die Geschichtsschreiber Appian und Velleius Paterculus berichten nur, Octavius habe den Vorschlag seiner Verwandten nicht annehmen wollen. Schimpflich und unehrenhaft sei es ihm erschienen, Caesars Erbe zu verschmähen, da dieser ihn seines Namens für würdig gehalten habe.[7] Octavius spürte also die zwingende moralische Verpflichtung, die ihm durch die Adoption auferlegt war. Es war in Rom seit jeher üblich, einer angesehe-

Octavian. Denar, um 29/28 v. Chr.
London, Britisches Museum

Octavian als Divi filius, Sohn des vergöttlichten Caesar, mit Bart als Zeichen der Trauer um seinen Adoptivvater. Sesterz, um 36 v. Chr.
London, Britisches Museum

nen Familie ein neues Reis aufzupfropfen, wenn sie vom Aussterben bedroht war. Der lebendige Strom der Tradition durfte nicht versiegen. Das römische Gemeinschaftsleben beruhte auf den althergebrachten Werten und Institutionen, den mores maiorum (Vätersitten), die von Generation zu Generation weitergegeben wurden. Ein junger Mann, der in eine der berühmten alten Familien adoptiert worden war, strengte stets alle seine Kräfte an, um sich seiner neuen Ahnen würdig zu erweisen. So hatte Scipio Africanus, der Sieger über Hannibal im 2. Punischen Krieg, den jungen Scipio Aemilianus zu seinem Adoptivenkel erkoren. Dieser erwarb als Zerstörer Karthagos im 3. Punischen Krieg ebenfalls den Ehrennamen Africanus und übertraf seinen großen Ahnherrn noch an Ruhm. Von solch leuchtenden Vorbildern konnte der junge Octavius nicht unberührt bleiben, war sein Adoptivvater doch nicht weniger berühmt als der ältere Scipio. Wenn er die Adoption ablehnte, verletzte er jene sittlich-religiösen Gebote, die der Römer unter dem Begriff Pietas zusammenfaßt: Frömmigkeit gegenüber den Göttern, Pflichttreue gegenüber der Gemeinschaft, vor allem der Familie. Im besonderen war es ein Gebot der Pietas, den letzten Willen eines Toten zu erfüllen. Caesar hatte ihn, Octavius, zu seinem Sohn erwählt. Er selbst aber, den man «Vater des Vaterlandes» genannt hatte, war von seinen Freunden ermordet worden, und niemand dachte daran, die Täter zur Rechenschaft zu ziehen. Doppelt schimpflich mußte es unter diesen Umständen erscheinen, dem toten Verwandten die Gefolgschaft zu verweigern und sich dadurch in eine Reihe mit seinen Mördern zu stellen. Die Familienpflicht erforderte es also, Caesars Erbe zu übernehmen, womit gleichzeitig die Aufgabe verbunden war, Caesars Mörder zur Rechenschaft zu ziehen. Für einen kränklichen Jüngling war dies eine schwere Last.

Octavius begab sich nach Brundisium. Er vergewisserte sich, daß ihm kein Hinterhalt drohte, und zeigte sich den Soldaten. Sie begrüßten ihn freudig in der Erinnerung an Caesar, ihren vergötterten Feldherrn. Wie Appian berichtet, faßte er daraufhin Mut und ließ sich von nun an Caesar nennen, nicht Octavianus, wie es römischer Adoptionssitte entsprochen hätte. Er bezeichnete sich vielmehr als Gaius Julius Caesar, Sohn des Caesar. Dieser Familienname wurde später zum Herrschertitel: Kaiser und Zar.[8]

Damit hatte Caesars Erbe seinerseits den Rubikon überschritten, vorsichtig und bedacht, wie es seinem Wahlspruch «Eile mit Weile» (festina lente) entsprach[9], aber mit nicht weniger Kühnheit und Entschlossenheit als sein Adoptivvater. Im Gegensatz zu dem Caesar der Bürgerkriege war Octavius erst achtzehn Jahre alt und völlig auf sich gestellt. Wenn irgendwo Geschichte von einem Individuum gemacht wurde und nicht als Folge von historischen Prozessen und Strukturen ablief, dann war es hier, in diesem Moment, da der junge Akademieschüler seine Rolle als Caesars Sohn übernahm.

Octavian in Rom

Mit einem feierlichen Opfer dokumentierte Octavian vor den Soldaten, daß er seine Sohnespflicht als Erbe des großen Imperators übernommen habe. Sein Weg war damit vorgezeichnet: Pietas Julia – so nannte er später eine Kolonie, die er nach der Schlacht von Philippi gründete. Zunächst aber mußte sich der politisch völlig unerfahrene junge Mann in Rom behaupten, wo inzwischen eine recht undurchsichtige Lage entstanden war.

Der Weg nach Rom verlief verheißungsvoll. Von allen Seiten strömten die Menschen herbei, angelockt vom Namen Caesars, vor allem die zahlreichen Veteranen des Feldherrn, die im Süden Italiens in Militärkolonien angesiedelt worden waren. Sie beklagten die Ermordung Caesars, verwünschten Antonius, der nichts getan habe, um das Verbrechen zu sühnen, und erklärten, sie alle wollten Caesar rächen, wenn nur jemand da sei, der sie führe. Von einer Welle der Sympathie getragen, zog der junge Caesar durch Italien. Er ließ sich jedoch zu keinerlei spontanen Äußerungen hinreißen und auf kein «Programm» festlegen. Bei Neapel machte er halt und besuchte seine Mutter und deren zweiten Gatten auf ihrem Landgut. Seine Verwandten wiederholten ihre Bedenken bezüglich der Erbschaft Caesars und rieten zur Ablehnung. Mit der Annahme war nämlich zugleich die Pflicht verbunden, die im Testament versprochenen Legate an die Bevölkerung auszuzahlen, und das hieß 300 Sesterzen (in heutiger Kaufkraft etwa 1000 Mark) an jeden der 150000 Bedürftigen der römischen Plebs, die als Getreide-(Sozialhilfe-)Empfänger registriert waren. Und wo war das Geld? Antonius hatte Caesars Vermögen an sich gebracht, aber er dachte nicht daran, die Legate auszuzahlen. Die entfernteren Verwandten Caesars, die im Testament zu Miterben eingesetzt waren, hatten bereits klugerweise ihren Verzicht kundgetan, um den mächtigen Antonius nicht zu reizen. Wäre es nicht das Beste, wenn auch Octavian verzichtete? Der junge Caesar aber verwahrte sich leidenschaftlich dagegen. An seine Mutter gewandt zitierte er aus Homers «Ilias» die Worte Achills an seine Mutter Thetis, die ihn davon zurückhalten will, den toten Freund Patroklos zu rächen:

«Möcht' ich sogleich hinsterben, da nicht mir gönnte das Schicksal,
Meinen erschlagnen Freund zu verteidigen!»[10]

Römisches Straßenpflaster in Ostia

Octavian reiste nach Rom, um seine Adoption offiziell bei den Behörden bestätigen zu lassen. Eine riesige Menschenmenge empfing ihn vor den Toren, und als er die Stadt betrat, zeigte sich über seinem Haupt ein Regenbogen, was die Menge – und er selbst – als glückverheißendes Zeichen nahm. Er gelobte öffentlich, die versprochenen Legate möglichst bald an die Bevölkerung auszuzahlen.

Der Konsul Antonius war in Kampanien, wo er aus den Veteranen Caesars eine «Leibwache» von 3000 Mann geworben hatte. Als er zurückkehrte, sah er sich auf einmal einem jungen Mann gegenüber, der sich als Caesars Sohn bezeichnete und Anspruch auf die Erbschaft Caesars erhob. Antonius hatte sie größtenteils bereits verbraucht, um seine ungeheuren Schulden zu begleichen, Anhänger zu werben und Handgelder an die Soldaten auszuzahlen. Das unvermutete Auftauchen des Octavian kam freilich nicht nur ihm ungelegen.

In Rom war die Tat an den Iden des März längst ins Zwielicht geraten. Von einer Freiheitsidee, die im Tyrannenmord triumphiert hatte, war längst nichts mehr zu spüren. Alle Parteien und Gruppierungen hatten

Forum Romanum mit Blick auf die Kurie

sich in einem Status quo eingerichtet und waren an dessen Erhaltung interessiert. Marcus Antonius hatte das Vakuum, das durch den Abzug des Brutus und Cassius aus Rom entstanden war, klug genutzt, um seine Vormachtstellung weiter auszubauen. Nach außen hielt er an einer Kompromißpolitik fest und bot so den republikanisch Gesinnten keine Handhabe, ihn offen anzugreifen. Diese zahlenmäßig starke Partei, zu der viele Senatsmitglieder gehörten, an ihrer Spitze Cicero, sah derzeit keine Möglichkeit, politisch aktiv zu werden. Die Republikaner setzten ihre Hoffnung auf den 1. Januar des kommenden Jahres, wenn die neuen Konsuln ihr Amt antreten würden. Von ihnen versprach man sich die Rückkehr zu geordneten Verhältnissen. Außerdem gab es die Caesarianer, die zum Teil Antonius unterstützten, zum Teil aber seine Willkürherrschaft ablehnten. Alles in allem ein Zustand des labilen Gleichgewichts; es war, als sei der junge Octavian in eine Schachpartie hineingeraten. Und er mußte bald einsehen, daß er selbst zu einer Schachfigur wurde, wenn er nicht von sich aus in das Spiel eingriff.

Um die versprochenen Legate aus Caesars Testament auszahlen zu können, wandte er sich an Antonius. Dieser ließ ihn lange im Vorzimmer warten, bis er ihn empfing, und behandelte ihn dann kühl und geringschätzig. Von einer Rückgabe des Geldes war keine Rede. Um sein Versprechen an das römische Volk halten zu können, ließ Octavian seine Güter öffentlich versteigern, dazu die Liegenschaften seiner Familie und seiner Freunde, die sich bereit erklärt hatten, ihm zu helfen. Mit dem Erlös zahlte er die Legate an das Volk aus. Er veranstaltete auch die Spiele zu Ehren von Caesars großen Siegen, die der Verstorbene nicht mehr hatte durchführen können. Gegen den Widerstand des Senats und des Antonius hielt Octavian sie nun ab, und das Volk, längst gerührt von der treuen Sohnesliebe des schutzlosen Jünglings, feierte ihn mit lebhaften Beifallskundgebungen. Die Begeisterung steigerte sich noch, als plötzlich ein Komet erschien. Man glaubte, die vergöttlichte Seele Caesars zu erblicken, und nannte ihn sidus Julium, Stern des göttlichen Julius. Octavian errichtete eine Statue Caesars mit einem Stern auf dem Haupt: Sein toter Adoptivvater war zum Divus Julius, zum Vergöttlichten, geworden. Der Glanz des Kometen strahlte auch auf den jungen Erben aus, der sich hinfort Gaius Julius Caesar Divi filius, Sohn des Vergöttlichten, nannte. Octavian glaubte – wie viele seiner Zeitgenossen – an die Botschaft der Sterne und fühlte sich bestärkt im Bewußtsein, daß die Götter auf seiner Seite standen. Er fühlte sich getragen von den Strömungen der Zeit, einer allgemeinen Sehnsucht nach Heil und Erlösung aus Zerrüttung und Unfrieden. Das Volk hatte mit einer geradezu religiösen Anhänglichkeit Caesars Andenken gepflegt. An der Stätte, wo sein Leichnam verbrannt worden war, hatte sich ein volkstümlicher Kult gebildet. Nun übertrug die Menge ihre Gefühle auf den Sohn des vergöttlichten Caesars, die Veteranen liefen ihm zu, kleine Leute forderten ihn als ihren

Patron: Die «Gottessohnschaft» (Alföldi) war ein nicht zu unterschätzendes Startkapital des jungen Mannes. Man konnte ihn auf die Dauer nicht ignorieren.

Antonius sah seine unumschränkte Stellung als Führer der caesarianischen Partei gefährdet. Er brach abrupt mit seiner bisherigen Kompromißpolitik. Mit heftigen Attacken gegen den Senat und die Republikaner versuchte er sich neu zu profilieren. Cicero als der angesehenste Konsular und Freund des Brutus und Cassius wurde zur Zielscheibe seiner Angriffe. Cicero antwortete mit seinen ersten beiden Philippischen Reden, in denen er das Vormachtstreben des Antonius anprangerte. Weder Antonius noch Cicero erwähnen in ihrem Rededuell den Namen Octavians, den sie in ihren Briefen geringschätzig «den Knaben» nennen. Beide verschließen gleichsam die Augen vor der Tatsache, daß ein neuer Machtfaktor in der römischen Politik aufgetaucht war.

Die aggressive Politik des Antonius zielte darauf ab, den Caesar-Erben zu isolieren. Ihm liefen jedoch weiterhin die Veteranen zu, und bald zog er mit einer ansehnlichen «Privatarmee» durch die Lande. Auch Antonius unterhielt Truppen; er beabsichtigte keineswegs, nach Ablauf seines Konsulats ins Privatleben zurückzukehren. Vielmehr ging er daran, sich – wie einst Caesar – in der Provinz Gallia cisalpina (Oberitalien) eine Operationsbasis zu schaffen. Er setzte Truppen in Marsch, um den bisherigen Statthalter, Decimus Brutus, einen der Caesar-Mörder, mit Waffengewalt zu vertreiben. Der Senat hatte Decimus in seinem Amt bestätigt, mußte aber tatenlos zusehen, denn er hatte keine einzige Legion zur Verfügung. In dieser Situation unternahm Octavian einen Schachzug: Seine Stellung als Führer einer Privatarmee war ungesetzlich, und er gedachte sie zu legitimieren. Zwar hatten die Begriffe gesetzlich und ungesetzlich in den Bürgerkriegsjahren einiges an Schärfe eingebüßt, aber es war immer noch nicht ratsam, als amtloser Privatmann eine politische Karriere zu beginnen. Vor allem legten die Soldaten Wert auf einen legitimen Ober-

Marcus Antonius. Aureus, um 40 v. Chr.
Berlin, Staatliche Museen, Münzkabinett

Castortempel auf dem Forum Romanum, Ort des ersten öffentlichen Auftretens des Octavian, um 6 n. Chr. von Tiberius erneuert

befehl. Ihrer Versorgungsansprüche wegen fochten sie vorzugsweise unter der Parole, die Republik zu befreien. Octavian versuchte, mit den Republikanern ins Gespräch zu kommen. Cicero, den Gutsnachbarn seiner Verwandten, hatte er bereits kennengelernt. Ihn bestürmte er nun mit Briefen, in denen er ihn «Vater» nannte und aufforderte, nach Rom zu

Marcus Tullius Cicero. Augusteische Kopie nach einem Original von 43 v. Chr. Rom, Kapitolinisches Museum

kommen und «das Vaterland ein zweites Mal zu retten»[11]. Eine geschickte Schmeichelei gegenüber dem Bezwinger Catilinas. Aber konnte Cicero das Angebot annehmen, Octavians Karriere zu fördern, auch wenn ihm dieser dafür Antonius vom Leibe hielt? Er vertrat die Politik des Brutus und Cassius, die ihn geradezu als ihren Platzhalter in Rom ansahen. Und wie würde sich Caesars Sohn zu den Mördern seines Vaters stellen? Andererseits hatte Cicero im Bürgerkrieg die bittere Lektion gelernt, daß der Sieg nicht bei den besseren Argumenten, sondern bei den stärkeren Bataillonen zu finden ist. Trotz aller Bedenken mußte man versuchen, den Knaben Caesar als Vorkämpfer des Senats zu gewinnen. Damit würde dieser endlich wieder handlungsfähig werden gegenüber dem gutgerüsteten Antonius.

Am 1. Januar 43 trat der Senat unter dem Vorsitz der neuen Konsuln Hirtius und Pansa zusammen. Cicero beantragte, Octavian durch Verleihung eines gesetzmäßigen Oberbefehls, eines proprätorischen Imperiums, auszuzeichnen. Offenbar waren nicht alle Senatoren von der unbedingten Loyalität des Caesar-Erben überzeugt. Cicero trug in seiner Rede kräftige Farben auf, um die Gemüter – darunter sein eigenes – zu beschwichtigen: «Auf ihm allein beruht die Hoffnung auf Freiheit. Wir brauchen keine Angst zu haben, daß er bei seiner einzigartigen Klugheit nicht wüßte, worin der wahre Ruhm besteht. Alle persönliche Feindschaft opfert Caesar den Interessen des Staates. Das Wohl der res publica hat er sich zur einzigen Richtschnur seines Denkens und Handelns gemacht. Nur darum geht es ihm bei seinem Eintritt ins politische Leben: den Staat zu sichern, nicht ihn zu zerstören. Nichts ist dem jungen Mann wichtiger als die res publica, als eure Autorität, als die gute Meinung der Patrioten, als wahrer Ruhm. Daher braucht ihr von ihm nichts zu fürchten, Senatoren. Ja ich wage es sogar, euch, der res publica und dem römischen Volk mein Wort dafür zu verpfänden, mich dafür zu verbürgen, daß Caesar stets ein solcher Staatsbürger bleiben wird, wie er es heute ist und wie wir ihn wünschen und brauchen.»[12]

Worte von unbewußt doppeldeutigem Sinn, wie in einer Tragödie. Octavian würde Cicero und die Republikaner bald im Stich lassen, aber er verriet damit seine Sache nicht, er blieb durchaus «ein solcher Staatsbürger», wie er es heute war, nur anders, als die Republikaner glaubten. Eine Behauptung wie: Er will den Staat sichern, nicht zerstören, klingt in der gegenwärtigen Situation geradezu als tragische Verblendung; sie paßt jedoch zu den Bestrebungen des späteren Friedenskaisers Augustus.

Ciceros Antrag wurde angenommen. Man gewährte Octavian außerdem noch Sitz und Stimme im Senat und das Vorrecht, alle Ämter zehn Jahre vor der üblichen Zeit bekleiden zu dürfen. Als Präzedenzfall konnte dafür Pompeius Magnus dienen. Er hatte ebenfalls in jungen Jahren an der Spitze einer Privatarmee seine Karriere begonnen und war vom Senat legitimiert und in seine Dienste genommen worden.

Leider hatte sich Pompeius dann von Caesar in das für den Staat so unheilvolle Triumvirat locken lassen. Wenn es nur gelang, den jungen Octavian von solch gefährlichen Bündnissen abzuhalten! Dann würde er ein zweiter, besserer Pompeius werden. Als Gegenleistung erwartete der Senat, daß Octavian gemeinsam mit den Konsuln gegen Antonius ins Feld zog. Dieser hatte inzwischen den Statthalter Oberitaliens, Decimus Brutus, in Mutina (Modena) eingeschlossen und belagerte ihn. Als konsularische Maßnahme ließ sich dies nicht mehr definieren. Also erklärte der Senat den Kriegszustand, und als Feldherr der Republik zog der Sohn des Divus Julius aus, um einen der Mörder seines Vaters gegen dessen Gefolgsmann zu verteidigen.

In einem Vorgefecht und einer Schlacht wurde Antonius geschlagen und Decimus befreit. Octavian hatte tapfer und mit persönlichem Einsatz gekämpft. Zwar klang der Siegesjubel gedämpft, da beide Konsuln gefallen waren, aber der Erfolg von Mutina versetzte den Senat in eine verhängnisvolle Hochstimmung.

Den jungen Octavian, den Cicero gerade noch als gottgesandten Jüngling gepriesen hatte, glaubte man nun nicht mehr nötig zu haben. Man erteilte nicht ihm, sondern Decimus den Oberbefehl und verlangte, daß Octavian ihm seine Truppen unterstellte. Decimus Brutus erhielt einen Triumph bewilligt, Octavian sollte leer ausgehen. In Rom kursierte ein bissiges Bonmot, das man Cicero zuschrieb: Man müsse den jungen Mann loben, auszeichnen und befördern (laudandum, ornandum, tollendum)[13]. Vor solcher «Beförderung» werde er sich zu hüten wissen, ließ Octavian verkünden. Er weigerte sich, die Verfolgung des Antonius aufzunehmen, wozu die ausgehungerten, erschöpften Truppen des Decimus Brutus nicht in der Lage waren. Antonius erholte sich, ja es gelang ihm, seine Armee mit der seines Freundes Lepidus zu vereinigen. Nun erklärten Octavians Soldaten, auch sie wollten nicht mehr gegen ihre ehemaligen Kameraden kämpfen. Sie schlossen sich der allgemeinen Verbrüderung an.

Dem jungen Caesar drohte die Isolation. Seitdem er sich auf das Spiel der Politik eingelassen hatte, hielt er den Wolf bei den Ohren, wie ein bildkräftiges römisches Sprichwort lautete. Er mußte einen neuen Schachzug unternehmen. Es blieb sein Ziel, eine legitime Position im Staat einzunehmen. Um mit Antonius und Lepidus gleichzuziehen, beschloß er, sich um das vakante Amt eines Konsuls zu bewerben. Ein noch nicht zwanzigjähriger Konsul – das war selbst für seinen Gönner Cicero zuviel. Er sah das Risiko, daß sein schöner Plan zunichte würde, den göttergleichen Jüngling als Vorkämpfer der Republik zu behalten, aber er mußte seinem Freund Marcus Brutus recht geben, der ihm schrieb: «Ich habe starke Befürchtungen, Dein Caesar könnte sich einbilden, als Konsul sei er so hoch gestiegen, daß er an keinen Abstieg mehr zu denken brauche. Könntest Du nur einen Blick in mein Inneres tun und sehen, was ich von diesem Mann fürchte!» Cicero antwortete voll banger Ahnungen: «Am meisten bedrückt es mich, daß ich mich dem Staat gegenüber für den jungen Mann, der gerade erst den Kinderschuhen entwachsen ist, verbürgt habe und kaum noch glaube, für mein Versprechen einstehen zu können!»[14] Der Senat teilte diese Befürchtungen. Als eine Abordnung von Octavians Soldaten nach Rom kam, um für ihren Feldherrn das Konsulat zu fordern, weigerten sich die Senatoren. Die Soldaten aber «zwangen» Octavian, augenblicklich auf Rom zu marschieren. Dort mußte man sich eingestehen, daß man das Spiel verloren hatte. Weltuntergangsstimmung breitete sich aus. Octavian ließ sein Heer vor den Toren lagern und betrat Rom. Das Volk lief ihm zu, die Senatoren beeilten sich, ihm ihre Aufwartung zu machen. Cicero zögerte, den Mann zu sehen, der ihn einmal respektvoll Vater genannt hatte und der nun seine Truppen gegen die Vaterstadt marschieren ließ. Als er endlich kam, bemerkte Octavian sachlich und sarkastisch: *Du kommst als letzter meiner Freunde!*[15]

Am 19. August 43 v. Chr. wurde Octavian zusammen mit seinem Verwandten Quintus Pedius zum Konsul gewählt. Viele hielten dieses Datum für den Sterbetag der Republik. Der Hauptakteur sah es anders:

Annos undeviginti natus exercitum privato consilio et privata impensa comparavi, per quem rem publicam a dominatione factionis oppressam in libertatem vindicavi. Eo nomine senatus decretis honorificis in ordinem suum me adlegit ... [*Mit neunzehn Jahren habe ich aus privater Initiative und aus eigenen Mitteln ein Heer aufgestellt, mit dem ich dem Staatswesen, das durch die Gewaltherrschaft einer politischen Machtgruppe unterdrückt wurde, die Freiheit wiedergab. Aus diesem Grund hat mich der Senat mit ehrenvollen Beschlüssen in seine Körperschaft aufgenommen ... Das Volk aber wählte mich im gleichen Jahr zum Konsul ...*]

Das war die Sicht des Augustus, als er im Alter seinen politischen Rechenschaftsbericht, die *Res gestae*, abfaßte.[16]

Ex eventu konnte der greise Augustus immerhin sagen, daß das Staatswesen späterhin bei ihm in der relativ besten Obhut gewesen war, verglichen mit all den anderen, die ebenfalls von sich behauptet hatten, die res publica zu befreien. In seinem ersten Konsulat gab er allerdings niemandem Gelegenheit, Forderungen nach Wiederherstellung der Republik an ihn heranzutragen. Er tat im Gegenteil alles, um sie zugrunde zu richten. Das Wunderzeichen der zwölf Geier, das ihm angeblich beim Antrittsopfer begegnete, wie einst dem Stadtgründer Romulus, konnte auch erst später als Segenszeichen gewürdigt werden, als dem ersten Konsulat noch andere, friedlichere, gefolgt waren.

Octavians erste Amtshandlungen waren die Aufhebung der Ächtung des Antonius, der vom Senat zum Staatsfeind erklärt worden war, sowie der Erlaß eines Gesetzes zur gerichtlichen Verfolgung der Caesar-Mörder (lex Pedia). Damit waren die Fronten geklärt: Abwendung vom Senat, Hinwendung zu Antonius. Octavian blieb seinen Zielen treu: Mit der Annahme der Adoption hatte er die Pflicht übernommen, die Mörder Caesars zu verfolgen. Mit dieser Absicht stand er nicht allein. Das Volk sah den Mord an Caesar als Verbrechen an, das der Sühne harrte, und die Soldaten waren der gleichen Meinung. Es waren sogar viele von Octavian abgefallen, da sie seinen Schwenk zur republikanischen Seite als Verrat verurteilten. Angesichts der Verbrüderungstendenzen nach der Schlacht von Mutina und der Ablehnung durch den Senat erwies sich die Hinwendung zu Antonius als der einzig gangbare Weg. Auch für Antonius war eine Verbindung mit dem gutgerüsteten Octavian geboten, denn inzwischen hatten Brutus und Cassius im Osten des Reiches kampfstarke Verbände aufgestellt und kontrollierten die überseeischen Provinzen. Eine militärische Auseinandersetzung war unausweichlich.

Der Triumvir

Im November 43 trafen sich Octavian, Antonius und Lepidus bei Bononia (Bologna). Nach dem Vorbild des Caesar, Pompeius und Crassus vereinigte man sich zu einem Triumvirat, einer Dreierallianz «zur Ordnung des Staates» (rei publicae constituendae), das zunächst auf fünf Jahre befristet sein sollte. Die Provinzen wurden verteilt: Antonius erhielt Gallia cisalpina und Gallia comata, Lepidus die Narbonensis (Südfrankreich) und Spanien, Octavian Africa, Sizilien, Sardinien und Corsica. Er hatte also die schwächste Position unter den drei Machthabern, denn seine Provinzen standen unter der Kontrolle des Sextus Pompeius. Der Sohn des Pompeius Magnus hatte trotz Caesars Sieg über seinen Vater den Krieg auf eigene Faust weitergeführt, und seine Flotte beherrschte nun das westliche Mittelmeer. Nur zu gern wird – seit Augustus' Zeiten – betont, daß Octavian die schwächste Position im Triumvirat innehatte. So kann man ihn von der vollen Verantwortung für den zweiten Punkt der Übereinkunft von Bononia entlasten. Nach dem Vorbild des Sulla wurden Proskriptionen beschlossen: die Ächtung aller politischen Gegner. Auf den Proskriptionslisten wurden die Namen der Opfer öffentlich angeschlagen. Diese waren vogelfrei und konnten von jedermann getötet werden. Ihr Vermögen wurde eingezogen. Wer sie schützte, verfiel gleichfalls dem Tod. Da man Geld brauchte, wurden außer politischen Gegnern auch eine große Zahl wohlhabender Bürger auf die Liste gesetzt. Auch vor Verwandten und Freunden machte man nicht halt. An der Spitze der Liste stand der Name Ciceros. Antonius konnte ihm nicht verzeihen, daß er die Philippischen Reden gegen ihn gehalten hatte. Jeder Biograph und Geschichtsschreiber fügt eilfertig die Nachricht hinzu, Octavian habe Cicero retten wollen; er habe drei Tage dem Haß des Antonius Widerstand geleistet, dann aber nachgeben müssen.[17] Wahrscheinlich ist dies aber erst später erfunden worden, im Bestreben, die ärgsten Flecken vom Bild des Friedenskaisers Augustus abzuwaschen. Auf späte Einsicht deutet Plutarchs Bericht, Augustus habe einen Enkel bei der Cicero-Lektüre angetroffen und seinen einstigen Mentor mit folgenden Worten gewürdigt: *Er war ein Meister des Wortes und ein wahrer Freund seines Vaterlandes.*[18] Allem Anschein nach tat Octavian nichts, um das schauerliche Blutvergießen einzudämmen, das mit Ciceros Ermordung begann und zahllose

Sextus Pompeius, Sohn des Pompeius Magnus, trägt den Bart zum Zeichen der Trauer um seinen Vater und bezeichnet sich als Pius, da er pflichtgetreu dessen Sache weiterführt. Aureus, 42 v. Chr. Sammlung ESR Luzern/Zürich

Opfer forderte. Die Proskriptionen sind das düsterste Kapitel im Leben des Octavian-Augustus. Aus moderner Sicht heraus hat man konstatiert, daß «dieser menschlichste aller römischen Kaiser im Grunde seines Wesens durch ein ebenso verblüffendes wie bestürzendes Manko an elementarer Menschlichkeit gekennzeichnet ist»[19]. Octavian selbst hätte einen solchen Vorwurf zurückgewiesen. Ihm erschien es als ein Gebot elementarer Menschlichkeit, seinen ermordeten Vater zu rächen. Die Proskriptionen sollten ein Strafgericht an all denen sein, die es zugelassen hatten, daß dieser große Mann, geheiligt durch die Würde eines Pontifex Maximus, geehrt durch den Titel «Vater des Vaterlandes», in der Kurie des Senats arg- und wehrlos wie ein Tier niedergemacht worden war. Und die Täter und Sympathisanten waren einst von Caesar begnadigt und dann zu den höchsten Ämtern und Würden erhoben worden. Er hatte sie für seine Freunde gehalten und ihnen vertraut: So steht es in dem von Octavian formulierten Proskriptionsedikt, das wir bei Appian lesen.[20] Selbst wenn man einiges als rhetorische Ausschmückung Appians abzieht, bleibt eine schmerzlich zitternde Empörung zu spüren. Der bestimmende Impuls des zwanzigjährigen Triumvirn ist die radikale Abkehr der Jugend vom bequemen Kompromiß der Älteren, die Ablehnung des faulen Friedens, in dem sich die Bürger Roms eingerichtet hatten. Man hatte Caesar in aller Öffentlichkeit umgebracht, aber Rom war zur Tagesordnung übergegangen. «Lieber will ich auf der Stelle sterben, als den toten Freund ungerächt zu lassen»: Diese Worte des homerischen Achill verraten mehr über das Innere des jungen Octavian als seine klassizistisch stilisierten Jugendbildnisse. Aus dieser jugendlich unbedingten, leidenschaftlichen Ablehnung heraus läßt er die Proskriptionen – über persönliche Feindschaft und politischen Nutzen hinaus – zu einem archaischen Rachefeldzug werden.

Psychologen werden außerdem feststellen, daß hier auch ein Faktor der Überkompensation zu erkennen ist, ein Zwang, sich des Übervaters würdig zu erweisen, und die Furcht, vor dem Göttergleichen als unzulänglich zu erscheinen.

Es liegt auch nahe, bei den häufigen Krankheitsfällen des Octavian-Augustus an eine aus der Beziehung zu Caesar resultierende «Flucht in die Krankheit» zu denken. Solche Krankheiten traten meist auf, wenn er eine Probe vor Caesar abzulegen hatte oder später eine Krise meistern mußte, die ebenfalls einer Probe vor dem Divus Julius gleichkam. Als der Feldzug gegen die Caesar-Mörder begann und die Heere in den Osten übersetzten, erkrankte Octavian schwer und mußte an der Balkanküste zurückbleiben. Möglicherweise handelte es sich um das gleiche Leberleiden, das ihn im Jahre 27 an den Rand des Todes brachte.[21] Sueton zählt eine Fülle von Krankheiten auf, an denen Octavian-Augustus häufig litt: rheumatisches Fieber, Blasen-, Gallen-, Leberleiden, bis hin zu Schnupfen, Hautausschlag und Schreibkrampf. Offenbar lag sein labiles vegetatives Nervensystem mit seiner Geistes- und Willenskraft in ständigem

Porträtkopf des Augustus, smaragdgrünes Überfangglas, 1. Jh. n. Chr. Köln, Römisch-Germanisches Museum

Konflikt, was sich in psychosomatischen Erkrankungen äußerte. Die Anstrengung, sich trotz seiner schwächlichen Physis vor dem Bild des caesarischen Übervaters bewähren zu müssen, verlieh der Person des jungen Octavian etwas Starres und Rollenhaftes. Es ist von daher auch fraglich, ob man den vielstrapazierten Begriff Charisma auf ihn anwenden kann. Galt Ciceros und Vergils Lobpreis des «göttergleichen Jünglings» und die schwärmerische Verehrung der Volksmassen einer besonderen Ausstrahlung, oder richtete sich die Hoffnung der Zeit auf ihn, weil ihn der Nimbus Caesars und die natürliche Anziehungs- und Erneuerungskraft seiner Jugend umgab?

Sobald er reisefähig war, ließ sich Octavian nach Philippi bringen, wo Antonius bereits den Heeren der Caesar-Mörder gegenüber Aufstellung genommen hatte. In einer ersten Schlacht überrannte Brutus das Lager und wollte Octavius auf seinem Krankenbett gefangennehmen. Auf einen warnenden Traum hin hatte sich dieser jedoch in Sicherheit gebracht. So berichtete er selbst in seiner Autobiographie[22], um zu zeigen, daß auch bei Philippi die Götter auf seiner Seite waren. Mit der Kampfparole «Rache für Caesar» griff Antonius an und besiegte in zwei Schlachten Brutus und Cassius. Beide wählten den Freitod. Als Antonius den toten Brutus vor sich sah, bedeckte er ihn ritterlich mit seinem Feldherrnmantel und ließ ihm ein ehrenvolles Begräbnis rüsten. Octavian aber befahl, Brutus das Haupt abzuschlagen und es in Rom zu Füßen von Caesars Statue niederzulegen. Antonius konnte in Brutus den Mann sehen, der um seiner Ideale willen sein Gegner geworden war. Für Caesars Sohn war Brutus kein Freiheitsheld, sondern ein Mörder und Verräter.

Nach dem Sieg von Philippi (Okt./Nov. 42) wurden die Aufgaben unter den Triumvirn neu verteilt. Antonius war als Kriegsheld und Sieger von Philippi der eindeutig Dominierende der Bündnispartner. Er blieb im Osten, um die Provinzen neu zu ordnen. Octavian erhielt die unliebsamen Aufgaben: Er sollte, ohne im Besitz einer Flotte zu sein, den seebeherrschenden Sextus Pompeius in Schach halten. Außerdem sollte er die Landzuweisungen an die rund 100000 Veteranen in Italien vornehmen. Das mußte ihm zwangsläufig Haß und Feindschaft eintragen, denn dazu bedurfte es umfangreicher Bodenenteignungen. Die blühendsten Städte und Gemarkungen Oberitaliens mußten große Teile ihres Gebiets entschädigungslos räumen und an die Militärkolonisten abtreten. Als Heimatvertriebene im eigenen Land zogen die Menschen nach Rom, wo sie weinend und wehklagend die Tempel umlagerten und ihr Recht forderten. Als die Soldaten vermuteten, Octavian werde den Schutzflehenden Gehör schenken, nahmen sie eine drohende Haltung gegen ihn ein. Das Volk aber murrte, da die Landenteignungen die Lebensmittelknappheit noch gesteigert hatten. Rom stand vor einer Hungersnot, denn infolge der Seeblockade durch Sextus Pompeius kam kein Getreide mehr aus Übersee.

Octavians Stern war im Sinken, und es schien ein leichtes, ihn aus dem Triumvirat zu drängen. So dachten Lucius Antonius, der Bruder des Marcus, derzeit Konsul, und Fulvia, die machtbesessene Gattin des Triumvirn, die hoffte, ihren ungetreuen Gemahl aus den Armen der ägyptischen Königin Kleopatra nach Italien zurückzuzwingen. Lucius und Fulvia schürten einen Aufruhr, der sich wie ein Flächenbrand über Italien ausbreitete. In der alten Etruskerstadt Perusia (Perugia) verschanzten sich Lucius und Fulvia. Octavian übertrug seinem Jugendfreund Marcus Agrippa den Oberbefehl im Perusinischen Krieg. Agrippa belagerte die Stadt und eroberte sie. Ein hartes Strafgericht folgte, und ein finsteres Wort wird von Octavian berichtet, das er den Bittflehenden zugerufen habe: *Moriendum est – Es muß gestorben werden!* Es wird sogar überliefert, Octavian habe 300 vornehme Bürger am Todestag Julius Caesars gewissermaßen als Totenopfer am Altar des vergöttlichten Julius hinschlachten lassen, ein Brauch, wie er von den Etruskern in früherer Zeit geübt worden war.[23]

Die bewaffnete Auseinandersetzung in Italien war ohne das Eingreifen des Antonius beendet worden. Er blieb im Banne Kleopatras, die ihn in ihre ehrgeizigen Pläne von einem neuerstarkten Ptolemäerreich verstrickt hatte. Antonius wollte sich die Freundschaft des Octavian und damit den Truppennachschub aus Italien erhalten, da er mit Angriffen der Parther zu rechnen hatte. So drang er darauf, daß die Triumvirn ihr Bündnis erneuerten.

P. Vergilius Maro. 1. Jh. n. Chr. Vatikan, Museo Profano

Etruskertor von Perugia, sog. Arco di Augusto, 2. Jh. v. Chr., mit Inschrift im Bogen: Augusta Perusia, angebracht zur Wiedererbauung von Perusia im Auftrag des Augustus 27 v. Chr.

Im Vertrag von Brundisium im Oktober 40 erhielt der unbedeutende Lepidus Africa, Octavian den Westen und Antonius den Osten. Zur Besiegelung des Bündnisses nahm Antonius nach dem Tod Fulvias die

Schwester des Octavian zur Frau: Octavia, eine der edelsten Frauen ihrer Zeit. Die Bevölkerung nahm die Erneuerung des Bündnisses als eine Garantie für den Frieden mit Jubel auf. Ein berühmtes Gedicht entstand, das die Friedenssehnsucht jener Zeit ausdrückte: die 4. Ekloge Vergils, der messianische Gesang von der Geburt eines göttergleichen Kindes, das der Welt den Frieden und ein neues goldenes Zeitalter bescheren sollte.

Vergil stammte aus Mantua; er gehörte zu den Landenteigneten jener Jahre:

«Mantua, wehe, benachbart zu sehr dem armen Cremona!»

So beklagt er seine Heimat.[24] Durch die Vermittlung einflußreicher Männer hatte Vergil sein Landgut zurückerhalten, und dankbar preist er in einem seiner Hirtengedichte Octavian als seinen Retter. Staunend und beglückt läßt er einen seiner Hirten davon erzählen, wie er in Rom einen göttergleichen Jüngling gesehen habe, der ihnen allen die tröstliche Zusicherung gab:

«Weidet nur, Burschen, wie sonst eure Rinder, züchtet euch Stiere!»

Etwas Neues kündigte sich an, und die Dichter spürten es als erste. Caesars Erbe konnte es nicht als Lebensinhalt ansehen, den Mord an seinem Vater zu rächen. Er hatte ein abschließendes Dankfest gefeiert, das er für die Vernichtung der Caesar-Mörder gelobt hatte. Dem großen Römer aber hatte die Wohlfahrt Italiens und des Reiches am Herzen gelegen. Die Pietas forderte von dem Sohn und Erben, das von jenem begonnene und so jäh unterbrochene Aufbauwerk weiterzuführen.

In einem offiziellen Schreiben erklärte Octavian, er wolle künftig ganz nach der Art seines Vaters Milde und Rücksicht walten lassen. Angesichts der Angst und Unruhe im Volk war diese Verlautbarung ein geschicktes Propagandamittel, wirksamer als Prätorianerkohorten. Aber die Zukunft sollte zeigen, daß es Caesar Octavian mit dieser Versicherung ernst war. Seine hervorstechendsten Charaktereigenschaften waren Selbstbeherrschung, Geduld und ein sicheres Gespür für Menschen und Verhältnisse. Wenn er diese Tugenden für ein neues, positives Ziel einsetzte, konnte er sich selbst treu bleiben und doch ein anderer werden.

Der Führer Italiens

Die Jahre nach der Schlacht von Philippi waren geprägt von den Bestrebungen der Triumvirn, die eigene Position zu stärken, ohne das labile Gleichgewicht des Bündnisses gänzlich zu zerstören. Lepidus spielte inzwischen kaum eine Rolle mehr, dafür bildete Sextus Pompeius das Zünglein an der Waage zwischen Antonius im Osten und Octavian im Westen. Im Vertrag von Misenum wurde er sogar als beinahe gleichberechtigter Partner anerkannt. Octavian verschwägerte sich mit ihm durch die Heirat mit Scribonia, der Schwester des Scribonius Libo, des Schwiegervaters und engen Beraters des Pompeius. Dieser übte immer wieder Druck auf die Bündnispartner aus, indem er durch eine Seeblockade die Getreidezufuhr und den Truppennachschub unterband. In Rom litt die Bevölkerung Hunger, es kam zu offenem Aufruhr, den Octavian teils mit Prätorianerkohorten, teils durch Maecenas' Diplomatie zu unterdrücken suchte. Endlich entschloß er sich zum Krieg gegen Sextus Pompeius. Agrippa wurde zunächst damit beauftragt, eine Flotte zu bauen. Nach seinen Erfolgen zu Lande erwies er sich nun als ein Meister im Seewesen. Er baute einen neuen Marinehafen, Portus Julius bei Baiae im Golf von Neapel. Um geschützte Ankerplätze zu erhalten, wurde die Hafenanlage auf den Lukriner- und Avernersee ausgedehnt; diese Gewässer wurden durch Kanäle miteinander und mit dem Meer verbunden. Agrippa entwickelte beim Flottenbau einen neuartigen Typ von Zerstörern, große Schiffe mit gepanzerten Wänden und Geschütztürmen, eine Art von Kriegsschiffen, wie sie noch bis ins 16. Jahrhundert eingesetzt wurden. Agrippa baute seine Schiffe höher als die seines Gegners, so daß man wirksamer von oben herab Geschosse schleudern und leichter entern konnte. Zwei neue Erfindungen sollten sich als schlachtentscheidend erweisen: Die Geschütztürme mitsamt den Schleudermaschinen waren einziehbar; sie wurden erst beim Nahkampf rasch aufgerichtet und boten vorher den Brandpfeilen des Gegners kein Ziel. Das andere war der «Greifer», ein besonders massiver Enterhaken, der von einem Katapult aufs feindliche Schiff geschleudert wurde. Dort bohrte sich der Greifer fest, man zog das Schiff mit der Seilwinde zu sich heran und enterte es. Zum Bau der Schiffe wurde sehr viel Holz aus ganz Italien benötigt, was zu einer dauernden Verkarstung, also zu einer beträchtlichen Umweltzerstörung, führte.

Marcus Vipsanius Agrippa. Frühaugusteisch.
Antikenmuseum der Kunstsammlungen der
Ruhr-Universität Bochum

Im Jahre 36 eröffneten Agrippa und Octavian gemeinsam die Offensive gegen Sextus Pompeius. Im Jahr zuvor war im Vertrag von Tarent das Triumvirat erneuert und auf fünf Jahre verlängert worden. Es hatte der tatkräftigen Vermittlung der Octavia bedurft, um die widerstrebenden Bündnispartner noch einmal zusammenzubringen.

Octavian setzte Landungstruppen nach Sizilien über, während Agrippa die Entscheidung zur See suchte. Der sizilische Krieg verlief für den Heerführer Octavian nicht glücklich: Er erlitt schwere Verluste, sein Nachschub wurde durch Seestürme vernichtet. Sein Feldherr Agrippa aber besiegte Pompeius in zwei Schlachten bei Mylae und Naulochos an der Nordostspitze von Sizilien. Pompeius floh in den Osten, wo er bald darauf den Tod fand.

Am sizilischen Krieg hatte auch Lepidus teilgenommen. Er wollte seine Stellung im Triumvirat wieder stärken und beanspruchte Sizilien für sich.

Es kam zu einer Kraftprobe mit Octavian, die dieser für sich entscheiden konnte. Er appellierte an seine Soldaten und die des Lepidus, die Truppen verbrüderten sich und ließen Lepidus im Stich. Bittflehend mußte er schließlich zu Octavian kommen. Dieser ließ ihn seines Kommandos entheben; Lepidus mußte sich auf eines seiner Landgüter zurückziehen, wo er in einer Art von Ehrenhaft gehalten wurde. Octavian beließ ihm seine Würde als Pontifex Maximus, die ihm nach Caesars Tod zuteil geworden war. Auf diesen Gnadenerweis legte noch der greise Augustus großen

Karte des römischen Reiches

Wert. In seinem Tatenbericht erwähnt er ausdrücklich, er habe dem Drängen des Volkes nicht nachgegeben, sondern die Oberpriesterwürde erst übernommen, als Lepidus gestorben war, also 24 Jahre später. Sicher hätte sich Octavian gerne schon zum gegenwärtigen Zeitpunkt mit einer priesterlich-sakralen Aura umgeben, wußte er doch, wie hoch schon sein Adoptivvater den Wert von Priesterämtern eingeschätzt hatte. War der Respekt vor dem auf Lebenszeit gültigen Oberpontifikat das erste Signal einer Wende? Sollte damit die Rückkehr zu geordneten Verhältnissen angekündigt werden, nun, da Octavian nicht mehr den Wolf bei den Ohren hielt? Seine Stellung war freilich noch keineswegs unerschütterlich. Sein Jugendfreund Salvidienus Rufus hatte gegen ihn konspiriert, überall in Italien flackerten immer wieder Aufstände auf, in Rom gab es Unruhen wegen der schlechten Versorgung. Überall herrschten Ängste, man lebte in ständiger Erwartung neuer Kriegszüge, drückender Steuern und Pressionen durch Freund und Feind. Die Sehnsucht nach Frieden wurde übermächtig. Schon vor dem sizilischen Krieg, beim Abschluß des Vertrags von Misenum, der die Aussicht auf friedliche Zeiten eröffnete, hatte sich eine riesige Volksmenge eingefunden. Soldaten, Bürger von nah und fern, sie alle erhoben einen solchen Schrei nach Frieden, daß die Berge widerhallten. Wildfremde Menschen fielen einander lachend und weinend in die Arme, als die Machthaber mit dem gesiegelten Vertrag vor die Menge traten. Sie alle hatten den Krieg so schrecklich satt und sehnten sich inbrünstig nach Frieden, schreibt Cassius Dio in seiner «Römischen Geschichte»[25].

Damals hatte die Zuversicht getrogen, nun aber war der sizilische Krieg zu Ende, und wieder erwachten die Hoffnungen, dies sei der letzte der Bürgerkriege gewesen. Als Octavian nach Rom zurückkehrte, zogen ihm Senat und Volk in feierlicher Prozession entgegen. Statt eines Triumphs ließ Octavian eine Säule mit einer Inschrift aufstellen, die davon künden sollte, daß die Bürgerkriege beendet und der Friede zu Wasser und zu Lande wiederhergestellt sei. Um den Worten auch Taten folgen zu lassen, leitete er eine Reihe von Maßnahmen ein, die geeignet waren, das öffentliche Leben wieder in normale Bahnen zu lenken. Die Magistrate, deren Befugnisse stark eingeschränkt waren, sollten wieder ihren üblichen Aufgabenbereich übernehmen. Gegen das Räuber- und Plündererwesen, unter dem ganz Italien litt, wurden Sicherheitseinheiten aufgestellt. In Rom wurden Polizeistreifen gebildet, die des Nachts in den Straßen patrouillierten und nicht nur als Überfall-, sondern auch als Brandschutzkommandos und Feuerwehr dienten. Um einen deutlichen Schlußstrich unter die Bürgerkriegsepoche zu ziehen, ließ Octavian alle Schriftstücke vernichten, die jemanden wegen seiner Parteinahme belasten konnten. Schließlich erklärte er, die res publica wiederherstellen zu wollen, wenn Antonius ebenfalls dazu bereit sei und nach Rom käme. Wieweit dies ernst gemeint war, mußte sich noch zeigen. Jedenfalls mochte man es in Rom mit Aufmerksamkeit registrieren, daß Caesars Sohn die res publica nicht als wesenloses Wort bezeichnete und daß er fortan darauf verzichtete, den Namen des Triumvirn zu führen. Für das erstere verdient eine scheinbar unbedeutende Maßnahme Erwähnung: Caesar Octavian ordnete an, daß nur Senatoren, die als Magistrate tätig waren, die Toga mit dem Purpurstreifen tragen durften. Es war nämlich so weit gekommen, daß sich Privatleute, die nicht einmal dem Senat angehörten, in die althergebrachte römische Amtstracht kleideten. Aber hatten nicht die Triumvirn in den Jahren zuvor dem Senat höchst zweifelhafte Mitglieder aufgedrängt: Provinzialen, Freigelassene, ja sogar Sklaven? Diese «Kleidervorschrift» war eine Verordnung, die gerade in ihrem restaurativen Charakter auf ein Streben nach Erneuerung verwies.

Was die Stellung des Triumvirn anging, so gab es auch hier erste Versuche einer Neuorientierung. Caesar Octavian ließ sich die sacrosanctitas, die Unverletzlichkeit der Volkstribunen, übertragen sowie das Recht, auf der Tribunenbank zu sitzen und abzustimmen. Das Amt des Volkstribunen selbst konnte Octavian nicht ausüben, da es Plebejern vorbehalten und er durch Caesar in den Patrizierstand erhoben worden war. Das Amt bot aber mit seinen traditionellen Vorrechten und in seiner Mittlerfunktion eine willkommene Möglichkeit zu legaler Einflußnahme.

Wenn Octavian das Kriegsgewand mit der Toga vertauschte, mußte dies auch Auswirkungen auf seine Stellung zu den Soldaten haben. Die rauhen Landsknechte waren nicht so leicht wie die kriegsmüden Bürger bereit, wieder in friedliche Zustände zurückzukehren. Zur ehrenvollen Verabschiedung hatte Caesar Octavian den Hauptleuten goldene Kränze, purpurne Ehrengewänder sowie die Ratsherrenwürde in ihren Heimatgemeinden zugedacht. Die Soldaten aber meuterten und riefen, Kränze und Purpur seien Spielzeug für Kinder, sie wollten Geld und Landbesitz! Octavian mußte erkennen, daß die Saat der Gewalt aufgegangen war. Seine Machtpolitik hatte zu einem Verfall der bürgerlichen wie der militärischen Sitten geführt. Mit den Werten waren auch die Symbole hinfällig geworden. Eine echte Konsolidierung des Staatswesens würde ohne eine Wiederherstellung der mores maiorum, der politisch-sittlichen Ordnung, nicht möglich sein. Der Platz in Italien, den ihm das Triumvirat zugewiesen hatte, erwies sich als äußerst lehrreich für Caesar Octavian. Er war nun 28 Jahre alt, und seine Rolle als Patron Italiens erforderte eine Zeit der Ruhe und des Aufbaus.

Nach dem Abschluß des sizilischen Krieges konnte er sich nicht mehr nur auf die Parteigänger Caesars und die Soldaten stützen, er hatte auch die mittelständischen Schichten der Bevölkerung für sich gewonnen, da sich nach dem Seekrieg Handel und Wandel wieder frei entfalten konnten. Rund 30000 Sklaven, die als Ruderknechte in der Flotte des Pompeius gedient hatten, wurden von Octavian wieder in die Landwirtschaft eingegliedert. Dafür waren die adligen Großgrundbesitzer dankbar, die durch die drückenden Steuern der Triumviratsjahre ihr Barvermögen fast völlig eingebüßt hatten und auf Grund mangelnder Arbeitskräfte ihre großen Plantagen, die Latifundien, nicht mehr bewirtschaften konnten. Handel- und Gewerbetreibende sahen ebenso wie die Großgrundbesitzer wieder einen Silberstreif am Horizont. Mit dem alten republikanischen Adel hatte sich Octavian durch das Band der Heirat verbunden. Nach zwei durch die Politik erzwungenen Verlöbnissen (eines mit einer Stieftochter des Antonius) und einer «politischen Ehe» (mit der viel älteren, bereits zweimal verheirateten Scribonia) gestattete sich Octavian nun eine Wahl nach seinem Herzen. Sie entsprach wie alle wichtigen Entscheidungen seines Lebens sowohl der Zweckmäßigkeit als auch der eigenen Überzeugung. Die Erwählte war Livia Drusilla. Sie gehörte dem alten Adelsgeschlecht der Claudier an, dem so berühmte Männer wie Appius Claudius, der Erbauer der Via Appia, entstammten. Sie hatte schon in sehr jungen Jahren mit ihrem Vetter die Ehe geschlossen, war also Claudierin von Geburt und durch Heirat. Ihr Gatte Tiberius Claudius Nero war als Gegner des Octavian proskribiert worden und auf abenteuerlichen Wegen mit seiner Frau und seinem kleinen Sohn Tiberius nach Griechenland geflohen. Nach dem sizilischen Krieg wurde er amnestiert, und als das Ehepaar nach Rom zurückkehrte, erblickte Octavian Livia zum erstenmal und verliebte sich sogleich in sie. Sie war neunzehn Jahre alt und im sechsten Monat schwanger. Octavian schickte seiner Gattin Scribonia, die ihm gerade die Tochter Julia geboren hatte, den Scheidebrief, um für Livia frei zu sein. Der Ordnung halber holte er sich die Erlaubnis

Haus der Livia auf dem Palatin

Livia Drusilla. Nach 14 n. Chr. Augustus adoptierte sie in seinem Testament als Julia Augusta in die Julische Familie. Antikenmuseum der Kunstsammlungen der Ruhr-Universität Bochum

zur Heirat vom Priesterkollegium der Pontifices[26] und versprach, das erwartete Kind dem Vater zurückzugeben. Livias Gatte, schon von schwerer Krankheit gezeichnet, fügte sich um der Zukunft seiner Kinder willen. Er führte selbst die Gattin als Braut in das Haus ihres neuen Gemahls. Am 17. Januar 38 v. Chr. fand die Hochzeit statt. Drei Monate später gebar Livia ihren zweiten Sohn, Nero Claudius Drusus. «Wer Glück hat, der bekommt auch ein Dreimonatskind!» spottete man im Volk. Octavian-Augustus fühlte sich in der Tat glücklich in dieser Ehe, die ein halbes Jahrhundert dauern sollte. Er gedachte dieses Glückes noch auf dem Totenbett. Die schöne und kluge Frau hatte politisches Geschick und Gespür; sie war sich bewußt, der staatstragenden Schicht der alten Familien Roms zu entstammen. Es lag ihr daher am Herzen, ihren Gatten mit dem republikanischen Adel und seinen Traditionen auszusöhnen. Sie nahm sich auf Grund ihrer Herkunft auch das Recht zur Mitsprache in politischen Angelegenheiten, wie so manche standesbewußte Römerin, zum Beispiel Fulvia, die Gattin des Antonius, und Octavia, die Schwester des Octavian. Als Livias Gemahl zum Alleinherrscher des römischen Reiches aufgestiegen war, wuchs auch ihr Einfluß entsprechend und erregte manchen Anstoß. Tacitus zeichnet ein düsteres Bild von ihr als der «bösen Stiefmutter» der Julier wie der Römer, einer Giftmischerin und Intrigantin.[27] Es fällt schwer, sich von diesem Bild zu lösen und für Livia den Kardinalsatz «Cui bono» (Wem zum Vorteil?) außer Kraft zu setzen. Das Schicksal fügte es, daß vier hoffnungsvolle junge Männer in der Blüte ihrer Jahre starben und Livias Lieblingssohn den Weg zum Thron frei machten. Unbezweifelbar war freilich die zielstrebige, überlegene Klugheit, mit der sie auf ihren Gatten Einfluß nahm. Ihr Urenkel Caligula prägte den Ausdruck, sie sei ein Ulixes stolatus, ein listiger Odysseus in Frauenkleidern. Sie selbst hat das Rezept für ihre glückliche Ehe so formuliert: «Ich lebte selbst in allen Züchten und Ehren, tat alles, was meinem Mann angenehm war, zankte nicht über seine Liebesabenteuer und tat, als ob ich nichts davon wüßte.»[28]

Als Octavian die junge Livia in sein Haus führte, konnte noch niemand ahnen, wie beherrschend das claudische Erbe für die Zukunft des römischen Reiches werden sollte. Die Claudier waren ein adelsstolzes, herrisches Geschlecht mit düster-krankhaften Zügen; die zukünftigen Kinder der Livia und des Octavian würden aber die gewinnende Anmut des caesarisch-julischen Hauses mitbringen und so für eine Aufhellung sorgen. In der Erwartung eigener Kinder gab Octavian Livias Sohn Drusus seinem Vater zurück. Als dieser bald darauf starb, kamen seine beiden Söhne ins Haus des Octavian, der von Livias erstem Gatten zum Vormund eingesetzt worden war. Da die erwarteten Kinder des Octavian und der Livia später ausblieben, fiel den beiden Söhnen des Tiberius Claudius Nero eine bedeutende Rolle zu. Als Kaiser Tiberius und als Drusus Germanicus sollten sie in die Geschichte eingehen, und das Herrscherhaus wurde später das julisch-claudische genannt. Es erlosch im Jahre 68 mit dem Tod Neros.

Das Bündnis mit Antonius hatte inzwischen immer tiefere Risse bekommen, vor allem, als Antonius seiner Gattin Octavia den Scheidebrief ausgestellt hatte und offen als Gemahl Kleopatras auftrat. Octavian konnte die Schmach, die damit seiner Familie zugefügt war, niemals verzeihen. Auch viele Anhänger des Antonius wandten sich von diesem ab, als sie die edle, verlassene Frau sahen, die das Haus des Gatten auf dessen Befehl räumen mußte und dennoch die Kinder aus seiner früheren Ehe mit sich nahm und weiterhin liebevoll aufzog. Noch kam es nicht zum endgültigen Bruch. Octavian zog in einen Feldzug gegen die Illyrer und andere Völker an der Balkanküste, bis in die Gebiete Dalmatiens und

Doppelbildnis des Antonius und seiner Gattin Octavia. Cistophor, 39 v. Chr. Berlin, Staatliche Museen, Münzkabinett

Octavia, Schwester des Octavian, Gattin des Antonius. Aureus, um 40 v. Chr. Berlin, Staatliche Museen, Münzkabinett

Pannoniens hinein. Die illyrischen Stämme hatten immer wieder Einfälle in das nordöstliche Italien unternommen, denen ein Riegel vorgeschoben werden mußte. Der Feldzug war freilich in erster Linie Mittel zum Zweck: Was Octavian brauchte waren militärische Erfolge gegen auswärtige Völker, über die man guten Gewissens einen Triumph feiern konnte, und die zeigten, daß nicht Antonius allein die Gunst des Mars genoß. In zwei Jahren (33 v. Chr.) würde das Triumvirat offiziell enden. Für diesen Zeitpunkt mußte vorgesorgt werden.

Dank Agrippa verlief der Feldzug nach Illyrien siegreich; auch war Caesar Octavian diesmal nicht krank, sondern gab Proben tapferen Einsatzes und kühnen Mutes.

Nach seiner Rückkehr wandte er sich wieder seiner Konsolidierungspolitik zu. Seine besondere Sorge galt der Restaurierung und dem Neubau von Tempeln. Er hatte nach seinem Seesieg dem Apollo einen Tempel gelobt, da er sich den Gott zu seinem Schutzpatron erkoren hatte. Bei dieser Wahl verbanden sich eigene Neigung und politisches Kalkül. Sei-

Antonius (Vorderseite) und Kleopatra (Rückseite). Denar aus Ephesus, um 32/31 v. Chr., anläßlich des Triumphs in Alexandria geprägt. London, Britisches Museum

ner Natur nach fühlte sich Octavian zu dem Gott des Maßes, der Klarheit und Besonnenheit hingezogen. Apollo wurde in Rom seit altersher auch als Heilgott verehrt. Als Heiler der Wunden des Bürgerkrieges aber, als Träger der alten römischen Tugenden der Nüchternheit und Selbstbeschränkung wollte Octavian selbst erscheinen. Außerdem war Apollo auch der Gott des goldenen Zeitalters, von dem allenthalben Orakel und Weissagungen kündeten – Ausdruck der Hoffnungen und Sehnsüchte einer kriegsmüden und erschöpften Welt.

Zu aktueller Propaganda wurde die Wahl des Schutzgottes Apollo genutzt, als sich Antonius im Osten des Reiches dem Kult des Dionysos verschrieb. Bacchus-Dionysos, der Gott des Weines, des Rausches und der Ekstase, war in Rom niemals ganz heimisch geworden. Die orgiastischen Bräuche, die zu seinem Kult gehörten, fanden wenig Anklang bei den Römern. Im griechischen Osten aber hatte der Dionysos-Kult die emotionalen Strömungen der Zeit aufgenommen und war zu einer weitverbreiteten Erlösungs- und Jenseitsreligion geworden. Außerdem war Dionysos im Osten mit der Herrschertradition verbunden, seit Alexander der Große sich nach seinem Indienzug in mythischer Gemeinschaft mit dem Gott fühlte und dies auf seinen Münzporträts sanktionierte. Die Diadochenherrscher hatten diese Vorstellung übernommen, um sich durch die göttlich-mythische Aura als Erben des großen Alexander zu legitimieren. In Ägypten war Dionysos mit dem Reichsgott Osiris gleichgesetzt worden. Die Ptolemäerkönige, die als Alexander-Nachfolger Ägypten regierten, bezeichneten sich als Neos Dionysos, als Inkarnation des Gottes. Antonius griff diese Tradition auf, um sich als Herrscher über den hellenistischen Osten zu legitimieren. Sein eigenes Wesen und seine Vorliebe für die Gaben des Dionysos, für Wein, Luxus und eine üppige Lebensweise (die schon Cicero als «unrömisch» getadelt hatte), ließen Antonius in seiner Rolle durchaus glaubwürdig erscheinen. Kleopatra stattete ihn mit aller Pracht ihres reichen Landes aus und erschien an seiner Seite als Neue Isis, als Inkarnation der ägyptischen Reichsgöttin. Zu einer eindrucksvollen Kundgebung des göttergleichen Herrscherpaares gestaltete sich die Feier des Triumphs, den Antonius Ende 34 abhielt, in Alexandria, nicht in Rom. Das Fest bildete den Abschluß des Parther-Kriegs, in dem Antonius – nach anfänglichen Siegen seiner Feldherrn – ein Fiasko erlitten hatte. Nun feierte man einen prunkvollen Sieg über Armenien, den parthischen Nachbarstaat, der darüber hinwegtäuschen sollte, daß die Parther selbst weiterhin unbesiegt waren. Der eigentliche Gewinner des Kriegs war Kleopatra, denn seit Octavia nicht mehr als Mittlerin im Westen wirken konnte, erhielt Antonius keinen Nachschub mehr. Er war für Geld, Ausrüstung und Truppen einzig auf Kleopatra angewiesen und daher völlig von ihr abhängig. Sie konnte sich am Ziel ihres Ehrgeizes fühlen, als Antonius ihr nach dem Triumph in feierlicher Form wichtige Gebiete des römischen Ostens zum Geschenk machte. Sie wurde zur Königin dieser Länder proklamiert, und ihre Kinder von Antonius wurden als «Könige der Könige» zu Vasallen über die Reiche des Ostens eingesetzt, über Armenien und das noch zu erobernde Partherreich.

In Rom vernahm man mit Erstaunen und Mißbilligung von einem Triumphzug, der statt zum Tempel des Kapitolinischen Jupiter zum Heiligtum des ägyptischen Gottes Serapis geführt hatte. Die Belehnung der ägyptischen Monarchin mit Gebieten des römischen Reiches stieß auf Empörung. Seit der Zeit, da Kleopatra als Geliebte Caesars in den Gärten am Tiber residiert und auf ihre Stunde gewartet hatte, war sie zum Inbegriff östlichen Absolutismus und unrömischer Dekadenz geworden. Antonius, der sich als römischer Feldherr und Amtsträger mit ihr in offizieller Verbindung zeigte, hatte damit Octavian selbst die beste Handhabe gegen sich geliefert. Kein Krieg gegen fremde Völker konnte Octavian soviel Prestige einbringen wie ein «Kreuzzug» gegen den Neuen Dionysos, gegen die Bedrohung des Römertums durch den Osten. Die Devise war sogleich bei der Hand: Apollon gegen Dionysos, westlich-apollinische Klarheit gegen östlich-dionysischen Rausch. Mit einer solchen Antithese ließ sich ein wirksames Feindbild aufbauen. Das hatten schon die Griechen einst in den Perserkriegen bewiesen. Beide Kontrahenten leiteten einen Propagandafeldzug ein und veröffentlichten Streitschriften und Pamphlete: Octavian prangerte Antonius an wegen seiner Trunksucht und Ausschweifung; dieser konterte mit dem Hinweis auf die niedrige und verächtliche Herkunft des «Provinzlers» Octavian. Von Kleopatra hieß es, sie gebrauche neuerdings die Schwurformel: «So wahr ich bald auf dem Kapitol Recht sprechen werde!»

Die umfassendste Propagandawirkung ging von den Münzen aus, mit denen politische Programme und Selbstdarstellungen am besten unters Volk gebracht werden konnten.[29] Meist bewirkte die Gewöhnung, daß man Propagandabotschaften schließlich «für bare Münze» nahm. Antonius ließ sich statt mit seiner römischen Gattin Octavia nun mit der Ägypterin zusammen auf Münzen abbilden, so anläßlich des Sieges über Armenien. Kleopatra wird in der Umschrift als Königin der Könige und als Mutter von Königen bezeichnet. Die Münze mochte im Osten sehr wirkungsvoll sein, im Westen wirkte sie wie ein Schock. Für eine ägyptische Dynastie, nicht für Rom hatte Antonius also Armenien erobert! Octavian dagegen zeigte sich auf Münzen mit dem apollinischen Lorbeer und der Aufschrift: Vindex Libertatis – Vorkämpfer der Freiheit Roms.

«Und gen Troja wird wieder entsandt ein großer Achilleus.»[30]

So hatte schon Vergil in seinem Gedicht von der Geburt des göttlichen Kindes prophezeit. Der Krieg war unausweichlich, und Octavian gedachte als Führer Italiens alle unter seinem Panier zu sammeln. Vorher aber mußten die Fronten geklärt werden. Antonius besaß einflußreiche Freunde in Rom, darunter die beiden Konsuln des Jahres 32, die in seinem Auftrag sein Reichskonzept verkündeten: Ein großangelegtes Vasallensystem unter der Führung der ihm treu ergebenen Ägypterin sei der beste Schutz für das Reich. Um die «unrömischen Tendenzen» des Antonius für jedermann klar zu beweisen und ihn endgültig als Feind abzustempeln, bedurfte es eines demonstrativen Aktes, einer Gegenkundgebung zu den Schenkungen des Antonius in Alexandria. Zu diesem Zweck brachte Octavian das Testament des Antonius an sich, das dieser bei den Vestalinnen hinterlegt hatte. Vergebens protestierten die ehrwürdigen Priesterinnen. Vor Senat und Volk verlas Octavian das Testament, das die

Caesar Augustus mit dem Lorbeerkranz. Aureus, um 19–17 v. Chr. Privatsammlung UN

Mausoleum des Augustus auf dem Marsfeld in Rom.
Begonnen um 32, vollendet 28 v. Chr.

Belehnungen Kleopatras und ihrer Kinder ausdrücklich bestätigte. Außerdem ordnete Antonius an, falls er in Rom sterbe, solle man ihn nach Alexandria überführen und an der Seite Kleopatras beisetzen. Die Betroffenheit war groß: Ein Mann, der zwanzig Jahre lang römischer Feldherr und Beamter gewesen war, gönnte der Heimaterde nicht einmal mehr seinen Leichnam. Octavian schürte keine Feindschaft gegen Antonius, sondern schob alle Schuld der Ägypterin zu. Sie habe als geheime Feindin Roms Antonius seinen Mitbürgern systematisch entfremdet, ja ihn regelrecht verhext. Ihr wurde nun mit allgemeiner Zustimmung der Krieg erklärt.

Octavian hatte sein Ziel erreicht: Er wollte die endgültige Auseinandersetzung mit Antonius, aber er wollte sie nicht in der Form eines neuen Bürgerkriegs – der Lorbeer der Siege über die eigenen Mitbürger war bitter geworden. Seit der Schlacht von Philippi waren zehn Jahre vergangen, in denen er das Odium des Usurpators und Unterdrückers allmählich hatte abstreifen können. Er hatte in Italien eine erfolgreiche Aufbauarbeit begonnen, die ihm die Zustimmung weiter Kreise der Bevölkerung gewonnen hatte. Um seine Stellung zu fundieren, mußte er sich als Schutzherr Roms und Italiens präsentieren. Demonstrativ begann er, auf dem Marsfeld nahe dem Tiber eine Familiengrabstätte zu erbauen. Er gab ihr die altitalische Form eines Rundbaus mit einem steinernen Zylinder, auf den ein mit Zypressen bewachsener Erdhügel (tumulus) gehäuft war. Das Grabmal der Caecilia Metella an der Via Appia konnte als Vorbild dienen. Octavians Bauwerk wurde zwar erst 28 v. Chr. vollendet, die umgebenden Grünanlagen wurden aber schon damals als Park für die Öffentlichkeit freigegeben. Wer dort vorbeikam, mußte die Bauanlage als Denkmal von Octavians Rom-Treue empfinden. Im Gegensatz zu seinem Rivalen Antonius wollte er einst in heimischer Erde ruhen.[31]

Um als Führer Italiens und des gesamten Westens gegen Ägypten und den Osten zu erscheinen, ließ sich Octavian von der Bevölkerung einen Treu- bzw. Gefolgschaftseid leisten, den er auch in seinem Tatenbericht erwähnt: *Ganz Italien hat aus freien Stücken den Eid auf mich geleistet und mich ... ausdrücklich als Führer gefordert* (Kap. 25). Wie freiwillig dieser Eid war, bleibt dahingestellt. Immerhin hatten alle Anhänger des Antonius freien Abzug, und Augustus erwähnt auch, daß 300 Senatoren Rom verließen und in den Osten abgingen. Sicher ist, daß die Bevölkerung Roms und Italiens, obwohl bedrückt durch neue Kriegssteuern, die Gefolgschaft des Octavian als das kleinere Übel ansah.

Nicht wenige Römer schenkten dem Gerücht Glauben, Antonius wolle als Sieger die Hauptstadt nach Alexandria, einem neuen Troja, verlegen. Auf jeden Fall würde Italien unter Antonius einen starken wirtschaftlichen Aderlaß zugunsten der Ostprovinzen hinzunehmen haben. Dabei würden viele ihre mühsam erworbene Existenzgrundlage wieder einbüßen. Das alles war Grund genug, nolens volens Octavian in seiner Rolle als Führer Italiens zu bestätigen und mit ihm ins Feld zu ziehen.

Die Schlacht von Actium

Da Ägypten eine Seemacht war, mußte mit einer Entscheidung zur See gerechnet werden. Der Admiral und Marinestratege Agrippa besah sich die feindliche Flotte und rüstete sich dementsprechend. Er schuf einen Flottenverband aus kleinen, wendigen und allseits gepanzerten Schiffen, die sich wie eine Meute von Jagdhunden auf die großen, unbeweglichen Schlachtschiffe des Gegners stürzen sollten. Er bildete seine Soldaten zu Marineinfanteristen aus und war so im Vorteil gegenüber Antonius, dessen Stärke der Landkampf war. Antonius hatte seine zahlenmäßig überlegenen Truppen im Golf von Ambrakia gesammelt, an der Westküste Griechenlands. Die Nordspitze des Golfs, mit Namen Aktion (Actium), wird von einem griechischen Tempel gekrönt. Es ist das Heiligtum des Apollon von Aktion aus dem 6. Jahrhundert vor Christus. An einem Ort zu kämpfen, der seinem Schutzgott geweiht war, mußte Octavian mit Zuversicht erfüllen, zumal er den Schlachtort gar nicht selbst gewählt hatte: Es war ein göttliches Vorzeichen, das nicht trügen konnte. Antonius, von Agrippa eingeschlossen, mußte aus Versorgungsschwierigkeiten möglichst bald die Entscheidung suchen. Er wollte die Übermacht seiner Landtruppen ins Feld führen, fand aber nicht die Zustimmung seiner Kampfgefährtin. Kleopatra setzte alles auf die Flotte. Dachte sie schon daran, wie sie im Falle einer Niederlage am leichtesten entkommen könnte? Sie setzte sich im Kriegsrat durch, und am 2. September 31 kam

Apollo von Actium.
Denar, um 29/28 v. Chr.
Berlin, Staatliche Museen,
Münzkabinett

Kleopatra. Um 40 v. Chr.
Berlin, Staatliche Museen, Antikenmuseum

es zur Seeschlacht von Actium. Agrippa wandte seine Taktik an und bedrängte die Schiffe des Antonius. Als diese aber widerstanden, dehnte er seinen linken Flügel immer weiter aus, um den Gegner einzuschließen, und zwang dadurch einen der Admirale, mit seiner Streitmacht das Haupttreffen zu verlassen, um eine Gegenbewegung einzuleiten. Dadurch wurde die Schlachtordnung des Antonius so geschwächt, daß Agrippa durchbrechen konnte. Aber noch war der Kampf nicht endgültig entschieden. Da sah man plötzlich, wie die Schiffe Kleopatras Segel setzten. Zwischen den kämpfenden Flottenverbänden hindurch erzwangen sie sich einen Fluchtweg und gewannen die hohe See. Als Antonius die Königin auf der Flucht sah, ließ er alles im Stich und floh ihr nach. Kleopatra nahm ihn an Bord. Plutarch überliefert uns das Bild, wie Antonius schweigend, den Kopf in die Hände gestützt, allein am Heck des Schiffes sitzt, das ihn und Kleopatra nach der Küste Afrikas bringt.[32] Die Flotte war verloren, das Landheer, durch die Flucht seines Feldherrn entmutigt, ergab sich Octavian.

Als Sieger zog er am 1. August 30 in Alexandria ein. Antonius hatte sich in sein Schwert gestürzt und sich sterbend in das Grabmal Kleopatras tragen lassen. Dort hatte sich die Königin mit all ihren Schätzen verschanzt, und dort empfing sie die Botschaften, die Octavian ihr nun zukommen ließ. Wie Plutarch berichtet, habe er geweint, als er vom Tod des Antonius hörte, da er daran dachte, daß dieser Mann sein Schwager, Mitregent und Teilnehmer an so vielen gemeinsamen Kämpfen gewesen sei. Dann aber habe Octavian seinen Freunden – und sich selbst – zur Beschwichtigung Briefe vorgelesen, aus denen hervorging, daß Antonius, seit er in Ägypten war, keinen seiner Vorschläge mehr angenommen, ja ihn hochmütig und kalt abgefertigt habe. Nun war Octavian darauf bedacht, die Königin samt ihren Schätzen in seine Hand zu bringen, um sie im Triumphzug in Rom mitzuführen. Kleopatra verstand seine höflich-hinhaltenden Botschaften offenbar falsch; sie hoffte, nach Caesar und dessen Nachfolger nun auch noch Caesars Sohn an sich fesseln zu können. Plutarch weiß von einer persönlichen Begegnung beider zu berichten. Kleopatra habe sich, von ihrem Lager aufspringend, im Trauerhabit, mit bloßem Untergewand und gelösten Haaren, unter Tränen dem Sieger zu Füßen geworfen und an sein Mitleid appelliert. Er aber nötigte sie, sich wegen ihres angegriffenen Gesundheitszustandes wieder hinzulegen. Dann setzte er sich zu ihr ans Bett und begann, Punkt für Punkt ihre Rechtfertigungsversuche zu widerlegen und ihre Schuld am Krieg nachzuweisen. Kleopatra mußte einsehen, daß hier nicht Caesars und Antonius' Nachfolger zu ihr sprach, sondern der Bruder der um ihretwillen verlassenen Octavia, ein Römer mit dem nüchternen Sinn des Italikers, der den Verlockungen des Orients nicht erliegen würde. Der Kampf «Apollon gegen Dionysos» war entschieden.

Als man Kleopatra nach Rom bringen wollte, tötete sie sich durch den Biß der Uräusschlange, deren heiliges Zeichen sie als Herrscherin getragen hatte. Nachdem der Traum der Alexander-Erbin ausgeträumt war, starb sie als Pharaonin. Sie entzog sich der Darstellung im Triumphzug, ihr Tod aber kam Octavian im Grunde nicht ungelegen. Er ließ sie ehrenvoll neben Antonius bestatten und hatte die Genugtuung, daß sein Gegner nun für alle Zeiten als «unrömisch» gebrandmarkt war. Ihm selbst aber blieb es erspart, sich mit dem Odium einer Hinrichtung zu belasten oder aber die Königin als Haupt einer neuerstarkten Antonianer-Partei fürchten zu müssen.

Der Sieg über die ägyptische Königin und ihr dramatisches Ende machten großen Eindruck in Rom. Horaz setzte der Ptolemäerin ein dichterisches Denkmal: Nunc est bibendum – Nun kann man trinken und das

Festmahl feiern, da die Königin bezwungen ist, die dem Römerreich in ihrem Wahn den Untergang angedroht hat. Noch im Tode bewies sie Stolz: non humilis mulier – wahrhaft keine niedrige Frau[33].

Als große weltgeschichtliche Entscheidung stellt Vergil später im 8. Buch seiner «Aeneis» die Schlacht von Actium dar. Auf dem Schild, den Aeneas aus der Werkstatt des Gottes Hephaistos-Vulcan erhält, sind Szenen aus der römischen Geschichte abgebildet, beginnend mit Romulus und Remus und gipfelnd in den Kämpfen von Actium. Man sieht dort Caesar Octavian mit Agrippa und auf der anderen Seite Antonius mit Kleopatra. Die tiergestaltigen Götter Ägyptens, gräßliche Ausgeburten, kämpfen gegen den rasenden Mars, die grausig frohlockende Discordia und die blutige Bellona. Da wendet von der Höhe her der Actische Apollon den Blick auf die Kämpfenden. Er hebt seinen Bogen – erschreckt wendet sich die Königin samt ihren Völkerscharen zur Flucht, mitleidig

Ländliche Szene. 1. Jh. n. Chr.
München, Staatliche Antikensammlung und Glyptothek

trauernd breitet der Nil seine Fluten aus, um die Besiegten in seinen Schoß aufzunehmen.

Was Vergil hier darstellt ist nicht der Sieg des römisch-italischen Westens – und Wesens! – über den als geistig und kulturell minderwertig eingestuften Osten (wenn man es auch zu Zeiten gerne so interpretiert hat). Die Kriegs- und Schreckensfurien Italiens sind in ihrer Raserei für Vergil ebenso abstoßend wie die tierköpfigen ägyptischen Göttermonstren. Der Sieger ist Apollon, dargestellt mit der hoheitsvollen Gebärde des Ordnungs- und Friedensstifters, wie er aus der griechischen Kunst bekannt ist. Apollon aber ist der Gott einer neuen Zeit, sein Sieg leitet ein besseres, glücklicheres Zeitalter ein, das aber noch der tätigen Gestaltung bedarf.

Attollens umero famamque et fata nepotum
[Dann auf die Schulter erhebt er den Ruhm und das Schicksal der Enkel] [34]

So schließt Vergil das 8. Buch der «Aeneis»: Aeneas freut sich an den glänzenden Bildwerken, dann aber nimmt er verantwortungsbewußt den Schild und damit das Schicksal Roms auf seine Schultern. Vergil sieht im Sieg Octavians eine Verpflichtung für die Zukunft. Er, der schon im düsteren Jahr 42 den Caesar als göttergleichen, hoffnungspendenden Jüngling gesehen hatte, fordert ihn nun als Garanten für eine neue Zeit.

Als der siegreiche Feldherr nach Rom zog, seinem Triumph entgegen, machte er unterwegs in dem kampanischen Städtchen Atella Rast. Er wollte dort ein Halsleiden kurieren. Da kommt Vergil zu ihm, der inzwischen als bekannter Dichter zum Kreis des Maecenas gehört, und trägt ihm sein soeben vollendetes Gedicht vor; «Georgica» (Vom Landbau), eine Dichtung in vier Büchern über die Arbeit des Bauern, lehrhaft und poetisch zugleich. Vom Segen der Erde kündet Vergil, von den heilsamen Kräften der Natur, von sinnerfüllter, wenn auch mühevoller Arbeit. Er, der Bauernsohn aus Mantua, der heimatlichen Erde zeitlebens verbunden, fühlt sich berufen, den Imperator auf dem Weg zu seinem Triumph aufzuhalten und ihm seine künftige Aufgabe vor Augen zu stellen. Nachdem der Caesar die mörderischen Bruderkämpfe beendet hat, gilt es nun, die Verheerungen zu beseitigen, die der Bürgerkrieg nicht nur auf der Erde, sondern auch in den Seelen der Menschen angerichtet hat. Die Sichel war zum Schwert geschmiedet worden, und Rom hatte dieses Schwert gegen das eigene Innere gekehrt. Eine Neuorientierung tut not, und Vergil verweist dafür auf die Wurzeln Roms, auf die alten Tugenden und Werte, die Rom groß gemacht haben. Die Römer waren von altersher ein Bauernvolk, das seine natürliche Ordnung auf dem Lande und in der ländlichen Arbeit fand. Das Leben soll nun wieder seine naturgemäße Ordnung erhalten. Dafür hat der Mann Sorge zu tragen, dem die Götter

Relief der Mutter Erde (Tellus) von der Ara Pacis in Rom. 9 v. Chr.

zugleich mit dem Sieg die Verantwortung für die Zukunft des römischen Reiches übertragen haben. Vergil ruft die Götter an:

> Stammväter, Vaterlandsgötter! Du, Romulus, du, Mutter Vesta,
> die du den uralten Tiber und Roms Palatium schirmst,
> Diesen Herrscher im Jugendglanz, wollt ihn doch nicht hindern,
> Retter zu sein der zerrütteten Welt! Wir büßten doch wahrlich
> Übergenug den lastenden Fluch für trojanischen Meineid.[35]

Das fluchbeladene Troja ist für Vergil wie für Horaz die Metapher für das Rom der Bürgerkriege, das von einem neuen Rom abgelöst werden muß. Vergil bedrängt den Caesar mit seiner Forderung, dieses neue Rom zu schaffen. Das Lob, das er ihm in seinen Werken so reichlich spendet, hat auffordernden (paränetischen) Charakter. Man hat dies vielfach übersehen und Vergil als Lobredner, als Hofmann abgestempelt. Lob und Ruhm aber sind in römischer Vorstellung – von Cicero bis Seneca und Lucan nachzuverfolgen – etwas Verpflichtendes. Je größer das Lob, desto höher die Erwartung, und die Ehre fordert es, daß der Gelobte diesen Erwartungen entspricht. Wenn er es nicht tut, wird das Lob zum Hohn, wie später bei Lucans «Preis» des Nero in seinem Epos «Pharsalia». Das gleiche gilt für den Ruhm: Aus Caesars gewaltigem Kriegsruhm leiteten Cicero und Sallust die Berechtigung ab, ihn für ebenso bedeutende Friedenstaten in die Pflicht zu nehmen. Um so größer war die Enttäuschung, als diese ausblieben. Es gehört zur Größe des Octavian-Augustus, daß er die Forderungen eines Vergil und Horaz ernst genommen und zu verwirklichen gesucht hat. Am Reliefschmuck der Ara Pacis mit der segenspendenden Göttin der Erde – Vergils Saturnia Tellus – ist ein Jahrzehnt später die Antwort des Augustus abzulesen.

Der erste Mann des Staates

Der Sieg von Actium und die Sehnsucht nach Frieden bildeten ein starkes Band der Einigung: Als Octavian nach Rom zurückkehrte, zog ihm die gesamte Bürgerschaft im Festgewand entgegen. Er erließ sogleich eine allgemeine Amnestie. Es war ein Sieg voller Milde, victoria clementissima, sagt Velleius Paterculus[36]. Augustus selbst erklärt in seinen *Res gestae,* er habe als Sieger allen Mitbürgern Schonung gewährt, die seine Verzeihung erbeten hätten (Kap. 3). Man verlieh ihm dafür einen Eichenkranz, die Bürgerkrone, als ehrende Belohnung für die Rettung römischer Bürger: ob civis servatos. Ursprünglich wurde ein solcher Kranz nach der Schlacht an verdiente Soldaten vergeben. Später erhielten ihn auch Staatsmänner, sozusagen als «Aushängeschild» (Alföldi) für ihr heilsames Wirken. Velleius zieht aus der Milde des Siegers von Actium die Schlußfolgerung: «An diesem so menschenfreundlichen Verhalten des Imperators konnte man sehen, wie er sich zu Beginn seines Triumvirats oder auf dem Schlachtfeld von Philippi im Siege gemäßigt haben würde, hätte ihm dies damals freigestanden.» Seneca erklärt dagegen, Augustus sei wohl gemäßigt und milde gewesen, aber erst in reiferen Jahren, nachdem er bei Actium das Meer rot vom Römerblut gefärbt habe. «Für mich aber ist wahre clementia, Milde, etwas anderes als erschöpfte Grausamkeit.»[37] Auf jeden Fall erwies es sich, daß der heimkehrende Octavian nicht auf die Macht der Bajonette gestützt regieren, sondern seine Politik als Patron der römischen Bürgerschaft fortsetzen und seine Propagandaversprechen einlösen wollte. Seit dem Sieg über Antonius und der Amnestie gab es keine Parteiungen mehr. Der dux Italiae konnte sich als Repräsentant aller Bürger fühlen. Auf diesen (vielfach und vielfältig interpretierten[38]) Consensus universorum hat Octavian-Augustus großen Wert gelegt. Er bezeichnet den Bürgerkonsens als Legitimation und Grundlage all seiner Macht- und Amtsbefugnisse. Dabei wird er selbst gut genug gewußt haben, daß dieser Konsens getragen war von der Friedenssehnsucht einer kriegsmüden und erschöpften Welt, die ihre Hoffnungen auf ihn als den einzig verbliebenen Machthaber setzte.

Noch ging Octavian nicht daran, seine Stellung im Staat neu zu definieren. Er sah sich in den Kreisen der Aristokratie durchaus noch keinem einhelligen consensus gegenüber; daher mußte er sich zunächst den widerstrebenden Kräften durch ein akzeptables Programm empfehlen. Er war nicht mehr Triumvir, dafür übernahm er nun jährlich das Konsulat und wahrte in diesem Amt ostentativ die alten verfassungsmäßigen Formen.

Der Glanz eines Triumphs und die gemeinsame Festesfreude konnten dazu beitragen, die Differenzen zurücktreten zu lassen und Octavian als Mehrer des Reiches zu empfehlen. So feierte er nun einen dreifachen Triumph: über die Dalmater (auf Grund des Illyrien-Feldzugs im Jahre 35 v. Chr.), für die Schlacht von Actium und für die Eroberung Ägyptens. Zum erstenmal seit langer Zeit triumphierte Rom – zumindest offiziell – nur über auswärtige Feinde, und man konnte Stolz empfinden über die Größe und Macht des Imperiums. Der Glanz der Schätze Ägyptens, die im Triumphzug mitgeführt wurden, machte freilich nicht alle blind für die Tatsache, daß bei Actium Bürgerblut geflossen war. Ein Dichter wie Properz war mancherlei Vorwürfen ausgesetzt, da er Venus dem Mars vorzog. Er stellte nun kritisch fest, wenn alle wie er nur der Liebe und dem Wein ergeben wären, dann:

... wäre das Eisen nicht grausam, nicht kriegerisch wären die Schiffe,
wälzte bei Actium nicht unsere Leichen das Meer,
löste nicht Roma so oft, von den eignen Triumphen geängstigt,
Siegen des Bürgerkriegs, müde in Trauer ihr Haar.[39]

Die drei Triumphtage – der 13., 14. und 15. August 29 v. Chr. – wurden mit allem Glanz gefeiert; sie galten als Festtage auch für die künftige Zeit und sind es bis heute in Italien geblieben: Ferragosto, feriae Augusti, von der Kirche durch das Fest Mariä Himmelfahrt christlich sanktioniert. Der Janustempel wurde geschlossen, zum zweitenmal erst seit der Regierungszeit des sagenhaften Königs Numa. Dankbar bekennt der Geschichtsschreiber Livius: «Die Götter haben es unserem Zeitalter vorbehalten, dies Ereignis mitzuerleben: durch den von Caesar Augustus als Oberfeldherrn zu Wasser und zu Lande erworbenen Frieden.»[40]

Mit dem Gold aus der Kriegsbeute Ägyptens entfaltete Octavian eine reiche Bautätigkeit, die vor allem den Tempeln Roms gewidmet war. Voller Stolz berichtet er, er habe 82 Göttertempel wiederhergestellt und keinen ausgelassen, der restaurationsbedürftig war. Mit dem Wiederaufbau der Tempel ging eine allgemeine Erneuerung der Staatsreligion einher. Alte Kulte – wie die der Salier – wurden wiederhergestellt, die Verehrung der Laren und Penaten, der Schutzgottheiten der Familie wie der Volksgemeinschaft, wurde neu begründet. Die vorrangig betriebene Religionspolitik des Octavian offenbarte vor aller Welt seine Pietas. Er bewies damit eine weitere Kardinaltugend, nachdem er bei Actium seine Virtus, seine Tapferkeit, und nach dem Sieg seine Milde, clementia, gezeigt hatte. Der Dichter Ovid sagte: Es genügt ihm nicht, die Menschen zu gewinnen, er verpflichtet sich auch die Götter.[41]

Aeneas verläßt Dido. Collage von Helga Ruppert-Tribian, Frankfurt a. M. 1979

Mit seiner Betonung der Pietas setzte Octavian ein Zeichen. Anders als Caesar wollte er den Staat nicht ausschließlich durch eine Fülle administrativer Maßnahmen reformieren, sondern vielmehr den Forderungen der Zeit nach einer inneren Erneuerung nach Kräften Genüge tun. Die Pietas war eine der Grundkräfte römischen Wesens, seit alters untrennbar mit Roms Herrschaft verbunden. So mahnt Horaz den Römer:

> Weil du den Göttern huldigst, herrschst du.
> Setze hier den Anfang, suche das Ende hier!
> Die Vergehen der Vorfahren wirst unschuldig du büßen,

Römer, bis du die Tempel wiederhergestellt,
die zerfallenen Heiligtümer der Götter und
die Kultbilder, entstellt von dunklem Rauch.[42]

Die mißachteten Götter haben den Römern viel Leid gebracht. Für Horaz ist die Not der Bürgerkriege eine göttliche Strafe. Das Bewußtsein einer Schuld, ja geradezu einer Erbschuld seit dem Brudermord von Romulus an Remus, wie es bedrückend von Horaz empfunden wird, deutet auf ein tiefes Trauma seiner Generation. Die Bürgerkriege wurden als Bruderkämpfe erlebt, als Tabuverletzung. Man kann so nicht weiterleben, sagt Horaz. Fluchbeladen ist dieses Geschlecht, verfluchten Blutes Erben sind wir. Quo, quo, scelesti, ruitis? (Wohin, wohin, Verruchte, stürmt ihr?) Wäre es nicht besser, die Stätte des Brudermords zu verlassen, auszuwandern nach den Inseln der Seligen, dorthin, wo noch der Segen des goldenen Zeitalters herrscht? Vergil nimmt das Motiv von Schuld und Entsühnung, das schon in den «Georgica» anklang, in seiner «Aeneis» wieder auf. Das alte Troja, voller Trug und Meineid, bleibt verlassen, man wagt einen neuen Anfang, sucht sich in der Ferne eine Heimat. Nur ein Frommer aber, dem der Segen der Götter folgt, kann die neue Stadt begründen. Der pius Aeneas und der künftige Augustus, der wegen seiner Pietas gepriesen wird – welcher ist das Vorbild, welcher das Abbild? Der Sieger von Actium, der die Bürgerkriegsfurie gebändigt, den Janustempel geschlossen hat[43] und den Göttern Ehren erweist, er wird zur Symbolfigur. Aus tiefem Schuldgefühl und pessimistischer Zukunftsschau kann sich Horaz nur erheben, wenn er auf die Person des Caesar blickt:

Weh, weh – der Narben und der Frevel Schmach
an den Brüdern! Was haben wir je gescheut, wir, ein hartes
Geschlecht? Unversucht welchen Frevel gelassen?
Wen erwählt sich Jupiter, daß er sühne die Frevel?

Ist Caesar Wächter der Welt, dann wird nicht Wüten
der Bürger oder Gewalttat vertreiben die Ruhe,
Nicht Zorn, der da schmiedet die Schwerter
und stürzt in Feindschaft unselige Städte.[44]

Wenn schon der Skeptiker Horaz, trotz seines Rückhalts an Philosophie und Dichtkunst, so existentiell auf eine Heilsbringergestalt angewiesen war, so mußte dies in der breiten Bevölkerung noch weit mehr der Fall sein. Die Zeit bedurfte Octavians, um ihre Hoffnungen und Ängste auf ihn zu projizieren. Man trug ihm daher in reichem Maße eine geradezu religiöse Verehrung an. Die Heils- und Erlösungssehnsucht einer kriegsmüden Welt brachte Octavian einen bedeutenden Machtzuwachs und stärkte seine Position in einzigartiger Weise.

Wie stand er aber selbst zu einer solchen Überflutung mit messianischen Heilserwartungen? So sehr er als Politiker die unanfechtbare Autorität zu schätzen wußte, die ihm als Träger kollektiver Emotionen zufloß, so sehr mußte er auch die drückende Verantwortung spüren, die ihm damit auferlegt wurde. Dem Achtzehnjährigen war die Rolle eines «Caesaris ultor» (Horaz), des Rächers Caesars, zugefallen, die Verpflichtung, das Erbe des Übervaters anzutreten und seinen Tod zu rächen. Nun forderte man den Dreißigjährigen selbst in der Rolle des Übervaters. Frieden und Heil sollte er der Welt schenken, alle Sorgen und Nöte beseitigen und Rom zu neuer Größe erheben. Wie schwer und keineswegs selbstverständlich es war, diesen Part mit all seinen Konsequenzen anzunehmen, zeigt ein Blick auf die Nachfolger des Augustus. Schon sein Erbe Tiberius zögerte bei der Übernahme des Prinzipats; Nero, von dem man nach der Schreckensherrschaft des Caligula ein neues, goldenes Zeitalter erwartete, flüchtete in Künstlerwahn und Raserei, und auch ein «guter Kaiser» wie Marc Aurel ließ erkennen, wie schwer die Bürde des Amtes auf ihm lastete.

Octavian-Augustus nahm seine Rolle an, so wie Aeneas den Schild mit Roms Geschicken auf die Schulter nimmt. Es wird von hier aus aber verständlich, daß Augustus die religiöse Verehrung seiner Person keineswegs bereitwillig gefördert, sondern im Gegenteil eingedämmt und in die Bahnen des allgemeinen Kultes gelenkt hat. Nur gemeinsam mit der Göttin Roma oder mit den Laren und Penaten, den Gottheiten des heimischen Herdes, sollte man ihn verehren. Horaz und Ovid lassen gelegentlich erkennen, wie bedenklich die religiöse Überflutung sein konnte: Indem man den Herrscher zum Gott stilisiert und von ihm die Erfüllung aller Wünsche erwartet, entzieht man sich der Verantwortung und der Verpflichtung, selbst mit Hand anzulegen beim großen Friedenswerk. Dieser quietistischen Haltung suchte Octavian-Augustus durch die Erneuerung altrömischer Sitten und Werte entgegenzuwirken. Unter seinen Nachfolgern, die sich bereitwillig vergöttern ließen, kam es schließlich so weit, daß man, wie Plinius der Jüngere zur Zeit Trajans, angesichts von Mißständen achselzuckend erklärt: «Das ist Sache dessen, der über uns steht, er muß sich in schlaflosen Nächten darüber den Kopf zerbrechen.»[45] Einer solchen Einstellung: «Der Kaiser wird's schon richten» suchte Augustus im Laufe seiner Regierung immer wieder entgegenzuwirken, mit mehr oder weniger Erfolg.

Die starken Impulse einer Entsühnung von der Bürgerkriegsschuld und der Sehnsucht nach einer neuen Zeit, die man an Octavian herantrug, mußten von ihm auch selbst verarbeitet werden. Hatte er doch als Täter – nicht nur als von den Zeitläuften Betroffener – Bürgerblut vergossen und sich in Schuld verstrickt. Er leistete seinen Beitrag, indem er programmatisch zwei neue Heiligtümer erbaute: den Tempel des Divus Julius und den des Apollo Palatinus. Das Heiligtum, das Caesars Sohn für seinen

Adoptivvater errichtete, entstand auf dem Forum an der Stelle, wo Caesars Leiche verbrannt worden war. Das Volk hatte diesen Platz zum Ort frommer Verehrung erwählt, zumal seit der Erscheinung des Kometen, der als Sidus Julium die Aufnahme Caesars unter die Himmlischen verkündet hatte. Der Gedanke einer postumen Vergottung, einer Apotheose, geht auf griechische wie römische Vorstellungen zurück. Im griechischen Heroenkult verehrte man seit altersher besonders die Göttersöhne, die wie Herakles segensreiche Taten vollbracht hatten. Später ließ man auch Städtegründer und Herrscher, die als Wohltäter und Retter ihrer Völker angesehen wurden, dieser Ehren teilhaft werden. Sowohl im griechischen Volksglauben wie in der Philosophie (vor allem in der Stoa), dem Glauben der Gebildeten, entstand die Vorstellung, daß dem verdienten Staatslenker als Lohn seines segensreichen Wirkens die Aufnahme in die himmlischen Sphären zuteil würde. Die Römer übernahmen diese Vorstellung vom «politischen Gottmenschentum»[46]. Cicero wandte sie in «de re publica» auf den römischen Staatsmann an: «Allen, die das Vaterland bewahrt, unterstützt und gefördert haben, ist ein fester Platz im Himmel bestimmt, wo sie selig ein ewiges Leben genießen.»[47] Romulus, der mythische Stadtgründer und Vater des Römervolks, war der Überlieferung nach bei seinem Tode zu den Himmlischen entrückt worden. An die Romulus-Tradition hatte Caesar angeknüpft; schon zu Lebzeiten waren ihm sakrale Ehren zuteil geworden. Nach seiner Ermordung hatten sich die Senatoren davon distanziert, Octavian aber setzte die Ehrenbe-

Tempel mit Standbild des Divus Julius. Vorform des Baues, den Octavian 29 einweihte. Aureus, um 36 v. Chr. München, Staatliche Münzsammlung

Sidus Julium, Komet, der die Vergöttlichung Caesars anzeigte und bei seinem angeblichen Wiedererscheinen auf den Beginn des neuen Zeitalters verwies

schlüsse nun wieder in Kraft und erhob Caesar als Divus Julius offiziell unter die römischen Staatsgötter. Das war zugleich ein Akt der Absolution, für sich selbst wie für seine Mitbürger. Als eine kosmische Katastrophe, eine Störung der Weltenharmonie, hatte Vergil in den «Georgica» Caesars Ermordung gesehen. In der «Aeneis» aber, die in diesen Jahren entsteht, blickt der Julier als glorreicher Ahnherr seines Geschlechts aus Himmelshöhen gnädig herab auf seine Nachfahren. Der große Tote ist versöhnt, die Spannungen haben ihren Ausgleich gefunden. Dem Vergöttlichten gegenüber gibt es weder Freund noch Feind, in seiner Verehrung vereinen sich alle Römer.

Mit der Divinisierung Caesars war die Bürgerkriegsepoche endgültig abgeschlossen. Das neue Zeitalter sollte unter der Ägide des Apollo Palatinus stehen. In Actium hatte Apollo offenbart, daß er auf Octavians Seite stand. Als Heiler und Retter, als Herr des goldenen Zeitalters, sollte er nun eine neue Ära Roms einleiten. Der neuerbaute Tempel auf dem Palatin ist das sichtbare Zeichen für Apollos Treue zu Rom:

Muse, Apollos Haus am Palatium wollen wir preisen,
  wert ist, Kalliope, solch Tun deiner göttlichen Huld.
Caesars Namen verherrlicht mein Lied; wird der Caesar besungen,
  bitt' ich dich, Juppiter, selbst: fei're und leih uns Gehör![48]

So leitet der Dichter Properz sein Preisgedicht auf das prächtige Bauwerk ein. Mit dem Tempel war auch eine öffentliche Bibliothek verbunden, die erste ihrer Art in Rom. Sie war in eine römische und eine griechische Abteilung gegliedert und mit Vortragssälen ausgestattet. Horaz versprach sich davon eine bedeutende Förderung der römischen Dichtkunst. Er schrieb an den Stifter: «Du schufst ja zu Apollos Ehren die Bibliothek; Du willst sie nun auch füllen mit Bücherschätzen, willst den Sängern Ansporn geben, mit noch größerem Eifer zum Parnaß zu streben.»[49] Nicht nur Literaten, sondern auch Fachschriftsteller profitierten von der Bibliotheca Palatina. Ihr gelehrter Vorsteher Hyginus verfaßte astronomische und mythologische Schriften, Juristen fanden sich zusammen zur Abfassung eines neuen Zivilrechts, und der Architekt Vitruv widmete Augustus sein Werk «De architectura» (Über die Ausbildung des Architekten). Als Baukünstler, Städteplaner, Wasseringenieur und Ballistiker war Vitruv ein Universalgelehrter, Vorbild für die Renaissance, besonders für die Bauten Palladios.

Mit dem Tempel des Apollo Palatinus fühlte sich Octavian in besonderer Weise verbunden, da er auf diesem Grund und Boden ursprünglich sein eigenes Haus erbauen wollte. Nachdem aber ein Blitz dort eingeschlagen hatte, war es geheiligter Boden, und Octavian beschloß, dort den Tempel des Apollo zu errichten. Er selbst verzichtete auf den Bau eines eigenen Hauses, sondern kaufte das Haus, das früher dem Redner Hortensius gehört hatte, dem Anwaltskollegen Ciceros. Es besaß zwar

Statue der Roma, Anfang 1. Jh. n. Chr. Ostia

Arbeits- und Empfangsräume, war aber ein eher bescheidener Bau, ohne Luxus und kunstvolle Mosaiken. Der Kaiserbiograph Sueton vermerkt es mit Verwunderung, daß der Herrscher des römischen Weltreiches es in diesem vergleichsweise einfachen Haus 40 Jahre lang aushielt. Während der Hundstage quartierte er sich in dem luxuriösen Heim seines Freundes Maecenas ein, da er zu Hause vor Hitze nicht schlafen konnte. Erst Augustus' Nachfolger gaben Anlaß, das Wort Palast (Palatium) von Palatin, der kaiserlichen Residenz, abzuleiten. Die heute als Domus Augustana bezeichnete Anlage auf dem Palatin stammt erst aus der Zeit des Domitian, als der Name Augustus gleichbedeutend geworden war mit Herrscher.[50]

Octavian verzichtete auf den Bau eines prunkvollen Hauses und errichtete statt dessen Tempel: Pietate insignis et armis – ausgezeichnet durch fromme Gesinnung und Waffenruhm wie Aeneas[51] konnte er nun darangehen, seine Stellung im Staatswesen zu bestimmen. «Nur das eine bleibt dir noch übrig: Du mußt die Republik wiederherstellen!» So hatte man einst seinen Vater Caesar gemahnt, und hatte er, Octavian, nicht versprochen, alle seine Sondervollmachten niederzulegen, wenn nur Antonius das gleiche tue? Antonius war tot, und es gehörte zu den Aufgaben des Siegers, sich der Frage zu stellen: Wie hast du's mit der Republik? Am 1. Januar 27 v. Chr. trat Octavian das Konsulat an, am 13. Januar erklärte er in einer Senatssitzung, er gebe die Armeen, die Provinzen und Einkünfte an Senat und Volk von Rom zurück. Alle Maßnahmen seiner Triumviratszeit, die nicht mit dem geltenden Recht im Einklang stünden, sollten annulliert werden, er selbst aber lege all seine außerordentlichen Machtbefugnisse hiermit nieder. Er wolle sich als Privatmann von der politischen Bühne zurückziehen. Damit war nach offiziellen Kategorien die Republik wiederhergestellt. Aber statt in lautem Jubel ein Dankfest zu beschließen, bestürmten die Senatoren Octavian mit Bitten, er möge sie und den Staat nicht seiner Leitung berauben. War Rom wirklich, wie einst Brutus resignierend gesagt hatte, nicht einmal mehr fähig, die Freiheit festzuhalten, wenn es sie in die Hand gedrückt bekam? Oder war alles ein abgekartetes Spiel, mit wohleinstudierten «spontanen Äußerungen»? Vieles scheint für das letztere zu sprechen, vor allem wenn man die Überlegung anschließt: Was hätte Octavian wohl getan, wenn man ihn dankend verabschiedet hätte? Waren die Soldaten für einen solchen Fall instruiert, ihn – und den römischen Staat – zu seinem Glück zu zwingen? Heuchelei war es also, ein raffinierter Schachzug, um die Macht nur noch sicherer und für alle Zeiten widerspruchslos in die Hand zu bekommen. Zumal nach den Erfahrungen der heutigen Zeit scheint diese Auffassung einleuchtend. Es will jedoch ganz und gar nicht einleuchten, wie es Augustus gelungen sein soll, auf einem solch unsicheren Fundament von Lug und Trug den stabilen Bau seines Prinzipats aufzurichten, der jahrhundertelang Bestand hatte. Wie könnte man auch das Zeugnis des Augustus selbst völlig verwerfen? Dieser schreibt in seinen *Res gestae* (Kap. 34): *In meinem sechsten und siebten Konsulat* (28/27 v. Chr.) *habe ich, nachdem ich die Flammen der Bürgerkriege gelöscht hatte und mit der einmütigen Zustimmung der gesamten Bevölkerung in den Besitz der staatlichen Allgewalt gelangt war, das Gemeinwesen aus meiner Machtbefugnis wieder der Ermessensfreiheit des Senats und des römischen Volkes überantwortet. Für dieses mein Verdienst wurde mir auf Beschluß des Senats der Name Augustus gegeben.*

Darin sah er offenbar den Höhepunkt seines Lebens, denn er setzt dies betont ans Ende seines Rechenschaftsberichtes. *Während ich dies schreibe, stehe ich im 76. Lebensjahr,* so lautet der letzte Satz der *Res gestae.* Wäre dieses Angebot, die Republik wiederherzustellen, nur ein raffinierter Schachzug gewesen, um im Jahre 27 die Macht zu behalten, so hätte der hochbetagte Augustus mehr als 40 Jahre später keine Notwendigkeit gesehen, das zu erwähnen. Er hätte es nicht auf seiner Grabinschrift dem Gedächtnis der Mit- und Nachwelt überliefert, wenn es in krassem Gegensatz zur communis opinio gestanden hätte. Eher hätte er es mit Stillschweigen übergangen, wie so manches aus seinen bewegten Aufstiegsjahren. Beim Überblick über sein gesamtes politisches Wirken muß man, zumal im Blick auf spätere Herrscher, zugeben, daß der Gedanke der wiederhergestellten res publica konstituierend für seinen Staatsaufbau war.

Trotz seines Angebots, alle seine Machtbefugnisse niederzulegen, brauchte Octavian freilich nicht zu befürchten, daß man ihn ins Privatleben entließ. Man brauchte ihn als Oberbefehlshaber der Truppen, denn man war sich einig, daß man keinesfalls wieder bürgerkriegsähnliche Zustände heraufbeschwören wollte. Die Iden des März hatten statt der Freiheit Krieg und endloses Blutvergießen gebracht. Die Iden des Januar sollten nun für die Zukunft Frieden und Sicherheit garantieren. Man übertrug Octavian also die erforderlichen Vollmachten, die Sorge und Oberaufsicht, wie Dio sagt.[52] Wer außer ihm wäre auch imstande gewesen, die Armeen zu kontrollieren und die Grenzen zu sichern? Er erhielt ein auf zehn Jahre befristetes Kommando über die in den Provinzen stationierten Heere (imperium proconsulare), außerdem unterstellte man ihm ebenfalls auf zehn Jahre die Provinzen Gallien, Spanien und Syrien, die als

Sakrale Landschaft. Stuckdekoration des sog. Hauses bei der Villa Farnesina in Rom, um 20 v. Chr., aus einer Villa des Agrippa und der Julia (?)

Kopf des Augustus. Nach 27 v. Chr. Liebieghaus Frankfurt a. M.

Grenzgebiete und Militärbasen besondere Aufmerksamkeit erforderten. Die zweite Säule seiner Macht bildete die tribunicia potestas, die Amtsgewalt der Volkstribunen. Sie gab ihm das Recht, Gesetze durch Volksbeschluß herbeizuführen, sein Veto einzulegen und selbst Anträge zur Diskussion zu stellen. Auch die sacrosanctitas, die Unverletzlichkeit des Volkstribunen, wurde ihm erneut zuerkannt.[53] Damit liefen alle Fäden in seiner Hand zusammen; als einzige Schranke vor einer Willkürherrschaft erhob sich vor ihm sein eigener Anspruch, die res publica wiederherzustellen. Um diesem Anspruch gerecht zu werden, wählte er für sich eine Stellung im Staatswesen, für die er selbst in den *Res gestae* folgenden Ausdruck gebraucht: *me principe – während ich Princeps war.* Außerdem erklärt er, schon 40 Jahre lang sei er *princeps senatus*[54]. Von diesem Titel her läßt sich das Verständnis dieses komplexen und vieldiskutierten Begriffs am leichtesten erschließen. Octavian hatte diese Bezeichnung im Jahre 29 für sich in Anspruch genommen, als er eine senatus lectio durchführte, eine Säuberung des Senats von unwürdigen Mitgliedern. Dadurch wollte er das Ansehen dieses Gremiums stärken und es zu einem würdigen Partner seiner Regierung machen. Princeps senatus, erster Mann (Vormann) des Senats, war eine Auszeichnung, die gewöhnlich dem Ältesten und Würdigsten von den übrigen Mitgliedern ehrenhalber beigelegt wurde. Der Titel begründete keine verfassungsmäßigen Rechte, er war Ausdruck der auctoritas des betreffenden Senators, meist eines ehemaligen Konsuls. Diese Autorität wirkte meinungsbildend, ohne daß sie ei-

Blick auf den Palatin

nen regelrechten «Fraktionszwang» begründete. Der Princeps war und blieb der Erste unter Gleichen. Wer sich ihm anschloß, schränkte damit nicht seine eigene freie Entscheidung, seine libertas, ein, er bestätigte nur sein eigenes Urteil.

Ursprünglich stammte das Wort princeps aus der Heeres- und Kriegergemeinschaft. Der Princeps war derjenige Kämpfer, der bei der Beuteverteilung als erster zugreifen durfte (primus und capere). Seine im Kampf erwiesene und von allen anerkannte Tapferkeit gab ihm das Recht dazu. Der Begriff des Princeps setzte also eine Autorität voraus, die sich nicht auf festgeschriebene Rechte, sondern auf allgemeinen Konsens gründete. Diese Kraft der Einflußnahme hatte dynamischen Charakter: Sie mußte sich stets neu bewähren, um sich des Konsenses zu versichern. Für die als princeps anerkannte Persönlichkeit ergab sich mit dem gesteigerten Ansehen auch eine höhere Verpflichtung gegenüber der Gemeinschaft.

Roms Geschichte war geprägt vom Einfluß solcher großen Persönlichkeiten, die als principes civitatis, als die Ersten der Bürgerschaft, die römische Weltherrschaft begründet hatten. Auf Grund ihrer auctoritas, ihres staatsmännischen und moralischen Prestiges, gingen von ihnen auch wirksame Initiativen aus, wenn sie kein offizielles Amt bekleideten. Die beiden Scipionen, der Sieger über Hannibal und der Zerstörer Karthagos, waren berühmte Beispiele für eine solche autoritative Einflußnahme. An ihnen wurde aber auch die Problematik eines princeps civitatis sichtbar. Ihre überragende auctoritas wurde von vielen ihrer Zeitgenossen als dominatus, als Herrschaft, empfunden. Die Spannung zwischen dem großen Individuum und der Gemeinschaft, zwischen dem Streben nach Auszeichnung und Vorrang und dem von der Kollektivmoral verteidigten Gleichheitsprinzip, wurde zum Generalthema der römischen Politik. Solange die res publica intakt war, ergab sich aus der Spannung ein fruchtbarer Gegensatz. Als sich aber die Bindungen an die Gemeinschaft lockerten und der persönliche Egoismus die Oberhand gewann, wurde das Staatsgefüge der res publica nachhaltig erschüttert. In der Person Caesars hatte sich die große Einzelpersönlichkeit endgültig von allen Bindungen an die Gemeinschaft gelöst und sich selbst verabsolutiert. Aus den leidvollen Erfahrungen seiner Zeit heraus entwickelte Cicero seinen Begriff des Princeps, der nicht nur der Erste, sondern auch der Beste sein muß. Als tutor et procurator, Vormund und Verwalter des ihm anvertrauten Staatswesens, hat er uneigennützig für das Wohl der Bürger zu sorgen.

An diesen Zentralbegriff der auctoritas eines führenden Mannes der Bürgerschaft knüpft Octavian, nun Augustus, an. Die vielbehandelte Frage, wieweit er dabei von Ciceros politischem Denken abhängig war, führt zu der Antwort, daß beide, Cicero wie Augustus, auf die gleichen Traditionen zurückgehen, da sie im selben Grund und Boden wurzeln. Sie sind beide Italiker: der Princeps aus Velletri (wenn er auch in Rom geboren ist) und der Republikaner aus Arpinum, und in ihnen ist der bodenständige Glaube an die altrömischen Werte und Grundtugenden staatlichen Lebens noch lebendig. Für beide wird daher auch die eminent römische Kraft der auctoritas[55] zum fundamentalen Begriff ihres Staatsdenkens. Die großen Männer Roms, die kraft ihrer auctoritas den Staat gelenkt hatten, ein Scipio oder Cato, treten als Wortführer in Ciceros staatstheoretischen und philosophischen Dialogen auf; mit ihren Statuen schmückt Augustus sein Forum. Von Cicero schrieb Marcus Brutus im Jahre 43, er verfüge über eine ungeheure Autorität, die ihm Senat und Volk von Rom freiwillig zugestanden hätten: «... das höchste Maß an Autorität, das in einem freien Staatswesen für eine Einzelpersönlichkeit nur denkbar ist.»[56] Augustus aber sagte von sich: *Seit dieser Zeit* (Januar 27) *überragte ich zwar alle übrigen an Autorität* [*auctoritate omnibus praestiti*], *an Amtsgewalt aber* [*potestatis autem*] *besaß ich nicht mehr als die anderen, die auch ich im Amt zu Kollegen hatte* (Kap. 34). Zwar hätte Cicero wohl den Princeps Augustus nicht mit seinem princeps civitatis identifiziert, er hätte aber anerkannt, daß sich Augustus nicht nur in die republikanische Tradition stellte, sondern daß er auch einen eigenen politischen Standpunkt gegenüber seinem Vater Caesar bezog. Auctoritas statt potestas: Autorität statt Amtsgewalt, so läßt sich die Intention des Augustus auf einen Nenner bringen.[57] Caesar hatte sich zum dictator perpetuus gemacht und sich damit auf eine potestas gestützt, die nicht an einen Konsens gebunden war. Er war damit gescheitert. Augustus zog die Konsequenz aus diesem Scheitern: Potestas mußte durch auctoritas gedeckt, ja überdeckt sein. Die Republik war in seinen Augen keineswegs ein Nichts, ein wesenloser Schatten, sie besaß lebensfähige Elemente, die Augustus in seinen Staatsaufbau zu übernehmen gedachte. Es liegt nahe, sich seine res publica restituta, die wiederhergestellte Republik, wie ein wertvolles altes Haus vorzustellen, dessen Fassade originalgetreu restauriert wird, während man das Innere umbaut. Wenn man bei dem Begriff Fassade an Heuchelei denkt, muß man freilich auch bedenken, daß ohne einen solchen Innenausbau niemand mehr das Haus bewohnen wollte. Die Republik wollten die Römer zwar wiederhergestellt sehen, aber ohne deren Risiken und Unannehmlichkeiten. Keine Anmaßung und Willkür der Magistrate mehr, keine Parteienkämpfe, die in Straßenschlachten ausarteten, keine meuternden Soldaten, die den Staat erpreßten. Die Republik als Freiraum für hemmungslos ausgeübtes Gruppen- und Einzelinteresse war an sich selber zugrunde gegangen. Nach den langen Jahren der Unruhe und des Krieges erstrebte man Ruhe und Sicherheit und war durchaus damit einverstanden, daß es einen starken Mann gab, der den endlich errungenen Frieden garantierte. Er sollte die Soldaten in Schach halten, wirtschaftlichen Wohlstand bescheren und – nicht zuletzt – Roms Glanz und Gloria mehren. Das erwartete man von Augustus, und dafür war man bereit, seine Vormachtstellung anzuerkennen. Die res publica unter der Leitung eines princeps, des ersten Mannes im Staat. Das war die Formel, auf die sich Augustus und seine Zeitgenossen einigen konnten. Sie entsprach den Erfordernissen der Zeit ebenso wie den Wünschen beider Seiten. Tacitus schrieb später, die Römer könnten weder die volle Knechtschaft noch die volle Freiheit vertragen. Augustus übernahm die Rolle des Monarchen im Bürgergewand, «die vielleicht kunstvollste Rolle, die es in der Geschichte gegeben hat» (Chr. Meier). Er legte damit den Grundstein zu einer dauerhaften neuen Ordnung, dem Prinzipat. Hätte man ihn nach seiner «Prinzipatsideologie» befragt, so hätte er mit den Worten eines Edikts antworten können, das uns Sueton überliefert hat:

So wahr es mir vergönnt sein möge, die res publica heil und unversehrt auf eine sichere Grundlage zu stellen und dafür den Lohn zu erhalten, den ich erstrebe: der Schöpfer des besten Zustands zu heißen und sterbend die Hoffnung mit ins Grab zu nehmen, daß die von mir gelegten Fundamente der res publica fest an ihrer Stelle bleiben.[58]

Jener beste Zustand, dessen Schöpfer Augustus sein wollte (*optimi status auctor*), entspricht der beata vita civium, dem glücklichen Leben der Bürger, für das Ciceros idealer Staatsmann zu sorgen hatte: durch Macht gesichert, mit Gütern wohl versorgt, durch Ruhm nach außen hin bedeutend, durch Tugend in Ehren stehend – in der Tat eine große Aufgabe für einen Staatslenker.

Der Name, den man ihm verlieh, war der Bedeutung seiner Rolle angemessen. Das Wort augustus bedeutete im allgemeinen Sprachgebrauch etwas Geweihtes oder Geheiligtes, wie Orte oder Geräte, die mit dem Kult in Verbindung standen. Der Träger des Namens Augustus ist also dem Transzendenten angenähert («er hat das rote Telefon zum Olympus»[59]), er ist nicht nur der Erhabene, wie der Name oft wiedergegeben wird, sondern auch der Verehrungswürdige, Sebastós, wie die Griechen das Wort übersetzten. Für die Römer deutete der Name auf das augustum augurium hin, das geheiligte Vogelzeichen, das der Gründung Roms vorausgegangen war. Der Dichter Ennius hatte in seinem Epos «Annalen» geschildert, wie Romulus bei der Vogelschau zwölf Geier erblickte und wie er auf Grund dieses glückverheißenden Omens zum Gründer und Namensgeber der Stadt wurde.[60] Ein solches Geierzeichen war angeblich auch Octavian beim Antritt seines ersten Konsulats zuteil geworden. So blieb im Namen Augustus die Erinnerung an Romulus erhalten[61], Augustus war der «durch Götterzeichen Auserkorene» (Bengtson), gleichsam der zweite Gründer der Stadt. Sein neuer Name wurde auch auf den Monat Sextilis übertragen, in dem Augustus seine großen Siege gefeiert und zum erstenmal das Konsulat angetreten hatte. Sein vollständiger Name lautete nun: Imperator Caesar Divi filius Augustus.

Mit der Ehrung durch einen neuen Namen war die Verleihung eines goldenen Ehrenschildes verbunden.[62] Senat und Volk würdigten damit seine Tapferkeit und Milde, Gerechtigkeit und fromme Pflichterfüllung (virtus, clementia, iustitia, pietas). Diese Kardinaltugenden hatte Augustus seit dem Sieg von Actium geübt; sie sollten nach dem Willen der Öffentlichkeit auch die bestimmenden Kräfte seiner zukünftigen Politik sein.

Die Ordnung des Reiches

Als vordringlichste Aufgabe sah Augustus die Sicherung und Neuordnung des Reiches an. Er begann mit der Wiederherstellung und dem Ausbau des römischen Straßennetzes. In den guten alten Zeiten der Republik war es üblich gewesen, daß siegreiche Feldherren aus ihrer Kriegsbeute den Straßenbau finanzierten. Die Namen der römischen Fernstraßen, Via Appia, Aemilia und Flaminia erinnern noch heute an ihre Erbauer. Augustus übernahm die Fortführung der Via Flaminia bis nach Ariminum. (Die Bevölkerung von Ariminum-Rimini erbaute ihm dafür einen Ehrenbogen.) Die Arbeit an den übrigen Straßen Italiens verteilte er auf die Feldherren, die Triumphe gefeiert hatten. Er forderte alle Männer von Rang auf, ihren Mitteln entsprechend zur Verschönerung der Stadt und Italiens beizutragen, neue Bauwerke zu errichten oder alte wiederherzustellen.

Laut Sueton folgten auch viele dieser Aufforderung. Dio weiß dagegen zu berichten, die Bereitwilligkeit habe sich in Grenzen gehalten.[63] Schwieriger als der äußere Aufbau war es, in den durch Krieg und Diktatur entmündigten Römern wieder bürgerliche Initiative zu erwecken. Auch sie mußten sich erst in der Rolle zurechtfinden, die sie in ihrem neuen Staatsgebäude zu spielen hatten. Augustus mußte Vorleistungen erbringen, Zeichen setzen, damit jedermann sich orientieren konnte, wieweit die bürgerliche Freiheit ging, wieweit persönliches Hervortreten und Engagement erlaubt, ja gewünscht war. Sueton bestätigt dem Princeps, er habe sich auf jede Art und Weise darum bemüht, daß niemand Grund hatte, mit dem neuen Zustand des Staates (novus status) unzufrieden zu sein.[64] Dieser novus status bedurfte der Einübung, und das galt für beide Seiten, den Princeps wie die Bürger.

Augustus wandte sich nun der Reichspolitik zu und führte zunächst eine Volkszählung, einen Census, durch. Als sein Mitkonsul stand ihm dabei Agrippa zur Seite, der bis zu seinem Tode im Jahre 12 v. Chr. der zweite Mann im Reich war. Seit mehr als 40 Jahren wurde nun wieder eine Personenstandsaufnahme sämtlicher römischer Bürger vorgenommen. Sie ergab 4063000 Personen mit römischem Bürgerrecht. Die letzte Zählung, die Augustus vornahm, ergab im Jahre 14 n. Chr. eine Steigerung um 900000 Personen.[65] Da in dieser Zeit keine stark bevölkerten Gebiete

Ehrenbogen von Rimini (Ariminum). 27 v. Chr.

dem Reich einverleibt und mit dem Bürgerrecht beschenkt wurden, läßt sich an dieser Zahl die Auswirkung der Pax Augusta ablesen, vor allem ein Aufblühen der Städte, die traditionsgemäß das römische Bürgerrecht besaßen, sowie die Gründung der zahlreichen Militärkolonien, deren Einwohner ebenfalls römische Bürger waren. Die gesamte Bevölkerungszahl des Reiches, die Sklaven eingeschlossen, betrug etwa 50 Millionen. Der Census wurde nach altem Brauch in Rom mit einer lustratio abgeschlossen, einer rituellen Entsühnung, zu der sich das Volk auf dem Marsfeld versammelte. Es wurden die Suovetaurilia dargebracht: Man opferte ein Schwein (sus), ein Schaf (ovis) und einen Stier (taurus) zu Ehren des römischen Stammvaters Mars. Mit dem Census und dem Entsühnungsritus war ein Zeichen gesetzt, daß eine neue Epoche begann. Die Säkularfeier des Jahres 17 sollte dies bekräftigen.

An den Iden des Januar 27 hatte man geltend gemacht, Octavian dürfe die Leitung des Staates nicht aufgeben, da noch Spanien und Britannien (als Vorposten Galliens) zu befrieden seien. Man hatte Augustus die Provinzen Galliens und Spaniens zugeteilt. Er ging nun als erstes in den Westen, um diesen Aufgaben nachzukommen. Caesar hatte zur Sicherung Galliens Invasionen in Britannien durchgeführt und die bedeutendsten Stammesfürsten tributpflichtig gemacht. Inzwischen waren dort Stammesfehden im Gange, die einer Schlichtung durch Rom zu bedürfen schienen. Aber das Land war arm, und Augustus sah es nicht als lohnendes Ziel einer Eroberung an. Er war kein Freund von Unternehmungen, bei denen der Aufwand größer war als der Ertrag. Das sei das gleiche, als ob man mit einem goldenen Angelhaken angeln ginge, pflegte er zu sagen.[66] Er gab sich mit einer Friedensgesandtschaft der Britannier zufrieden.

Anders verhielt es sich mit Spanien. Die iberische Halbinsel mit den Provinzen Hispania Citerior und Ulterior war von großer wirtschaftlicher Bedeutung, vor allem wegen ihrer reichen Vorkommen an Gold, Kupfer, Silber und Zinn. Immer wieder kam es dort zu Aufständen, bei denen die freien Stämme des Nordwestens, die Kantabrer und Asturer, eine führende Rolle spielten. Als diese sich wieder erhoben, zog Augustus gegen sie ins Feld. Der Kantabrische Krieg war der letzte, den Augustus persönlich führte. Mit seiner Schilderung schloß er seine Autobiographie ab. In seiner Begleitung befanden sich sein Stiefsohn Tiberius sowie sein Neffe Marcellus, der Sohn seiner Schwester Octavia. Die beiden jungen Männer verdienten sich ihre ersten Sporen, und Augustus zog nun Marcellus, seinen nächsten männlichen Blutsverwandten, in seine Nähe, wie es einst Caesar mit ihm getan hatte.

Der Krieg war ein mühseliger Buschkrieg, der sich ohne große Höhepunkte hinzog. Augustus erkrankte so schwer, daß er den Krieg seinen Feldherren überlassen mußte. Überanstrengung, totale Erschöpfung und große Sorgen sollen am Ausbruch der Krankheit schuld gewesen sein.[67] Während einer nächtlichen Reise war ein Blitz neben seiner Sänfte eingeschlagen und hatte einen seiner Diener getötet. Augustus nahm beides, die Krankheit und den Blitzschlag, als ein Zeichen. Es war genug: Der Janustempel sollte wieder geschlossen werden, Kriege würden nur noch geführt werden, soweit sie für Roms Bestehen nötig waren. Und er selbst würde nicht mehr ins Feld ziehen, sondern seine Feldherren damit beauftragen. Die Ehre des Triumphs aber behielt er sich vor; die Siege wurden unter seinen Auspizien erfochten, damit sich keiner im Stolz überheben und Unfrieden stiften konnte. Augustus lag lange Zeit krank in Tarraco (Tarragona), und als der Krieg siegreich beendet war, teilte er die iberische Halbinsel in die Provinzen Tarraconensis, Lusitania (das heutige Portugal) und Baetica im Süden. Einen großen Teil des Heeres entließ er und siedelte die Soldaten in neugegründeten Städten an wie Emerita Augusta (Mérida) oder Caesaraugusta (Zaragoza). Insgesamt reduzierte er das Heer um die Hälfte: von 50 auf 25 Legionen. Das bedeutete das Ende großer Angriffskriege und die Beschränkung auf die Sicherung des Reiches in seinem derzeitigen Bestand. Caesars Plan eines Parther-Kriegs war damit endgültig ad acta gelegt. Caesars Sohn hatte keine Welteroberungspläne; er wollte der Zeit geben, was sie brauchte: Frieden und Ordnung. War seine Zeit nicht genau wie er selbst – von Krankheiten geschwächt, anfällig und schonungsbedürftig? Die Aufgaben blieben auch ohne Kriege noch groß genug, und Augustus fand, sie seien der Mühe

Maison Carrée in Nîmes, um 19 v. Chr. erbaut, als Agrippa dort weilte, später dem Gedächtnis seiner frühverstorbenen Söhne geweiht

wert. Er hörte einmal, Alexander der Große habe, nachdem er mit 32 Jahren die ganze Welt unterworfen hatte, nicht gewußt, was er mit dem Rest seines Lebens anfangen sollte. Da wunderte sich Augustus, warum Alexander die Aufgabe, das eroberte Reich zu verwalten und zu regieren, nicht höher eingeschätzt habe als das Erobern.[68] Augustus pflegte das Bild des großen Makedonen als Siegel zu benutzen; von einem unbestimmten Zeitpunkt an bediente er sich seines eigenen Porträts.[69] Möglicherweise war es zu dieser Zeit, als er erkannte, die Welt brauche einen Augustus, keinen Alexander.

Seine Pläne zur Neuordnung der Reichsverwaltung verwirklichte er zuerst in Gallien. Obwohl das jenseitige Gallien erst seit Caesars gallischen Kriegen zum Reich gehörte, hatte es sich erstaunlich schnell romanisiert. Es wurde bald zu einem römischen Musterland. Römische Stadtkultur und römische Verwaltungsstrukturen sollten in Gallien sogar die Völkerwanderungszeit überdauern und sowohl der Kirche wie dem späteren Frankenreich zum Aufbau dienen. Rasch aufblühende Städte entfalteten ein reges Leben, wie das 43 v. Chr. gegründete Lugdunum (Lyon), das als erste Provinzstadt das römische Schulwesen übernahm und bald zu einer kulturellen Metropole des Westens wurde. Ein Freund berichtete später dem Schriftsteller Plinius dem Jüngeren, er habe dessen sämtliche Werke in einer Buchhandlung in Lugdunum gesehen. Worauf Plinius mit der

Pont du Gard, römische Wasserleitung, von Agrippa um 19 v. Chr. zur Wasserversorgung von Nîmes (Nemausus) erbaut

Arroganz des Stadtrömers erwiderte: «Ich wußte gar nicht, daß es in Lugdunum überhaupt Buchhandlungen gibt.» Augustus unterteilte Gallien in die Distrikte Gallia Narbonensis, Aquitania und Belgica. Erstmals im westlichen Reichsgebiet richtete er dort Provinziallandtage ein (concilia provinciae), die sich im griechischen Osten bereits seit der Zeit der Diadochenherrscher bewährt hatten. Die Städtevertretungen regelten ihre inneren Angelegenheiten auf der Basis einer relativen Autonomie. Als Regulativ gegen das griechische Erbübel des Partikularismus diente der Herrscherkult, die offizielle Verehrung der Monarchen in der Nachfolge Alexanders des Großen.[70] Nach der Schlacht von Actium hatten kleinasiatische Städte bei Octavian den Antrag gestellt, den Herrscherkult durch die Verehrung seiner Person zu erneuern. Diese Vorstellung paßte nicht zu Augustus' Rolle eines ersten Bürgers, er sah aber, daß sich der Herrscherkult in den Ländern des Ostens als traditionelles Mittel der Integration bewährt hatte.

Daher ordnete er an, daß man ihn in allen Provinzen gemeinsam mit der Göttin Roma verehren solle. Die Dea Roma bildete als Personifizierung der Rom-Idee die ideelle Grundlage von Roms Herrschaft. Sie entsprach der seit den Punischen Kriegen allgemein verbreiteten Überzeugung, daß Rom seine Weltherrschaft nach dem Willen der Götter ausübe. Wenn nun Augustus neben Roma trat, so erschien er als Vollstrecker der Sendung Roms und als Garant einer gottgewollten Ordnung. Der Altar der Roma und des Augustus bildete einen Kristallisationspunkt für die Bevölkerung in Ost und West und schuf ein Zusammengehörigkeitsgefühl der national und kulturell so verschiedenartigen Völker des Reiches.[71]

In Gallien verband Augustus zum erstenmal in der westlichen Reichshälfte die Provinzialvertretung mit einer Ara Romae et Augusti, die bei

Porta Palatina mit Augustus-Statue in Turin, 28 v. Chr. erbaut anläßlich der Gründung der Kolonie Augusta Taurinorum

Lugdunum eingeweiht wurde. Sie ist durch Inschriften näher bekannt. Die Vertreter der drei gallischen Provinzen – es sind Abgeordnete aus 64 Ortschaften bezeugt – berieten auf dem Landtag unter anderem über Baumaßnahmen und deren Finanzierung, sie konnten auch gerichtliche Klagen einreichen gegen den Statthalter oder besondere Vergünstigungen zu erwirken suchen, wie Hilfsmaßnahmen nach Naturkatastrophen oder Tributermäßigung nach Mißernten. Ihnen oblag auch gemeinsam mit einem Priester der Kult der Roma und des Augustus. Wie aus den inschriftlichen Zeugnissen hervorgeht, bestand dieser in Opfern, Gebeten sowie Gelübden für den oft kranken Princeps, Dankesvoten für seine Genesung, Feiern zu seinem Geburtstag und anderes. Aus alldem geht hervor, daß dieser sogenannte Kaiserkult keinen primär theologischen Charakter besaß, sondern ein Ausdruck der Ehrung und Loyalität in den offiziellen kultischen Formen war. Es läßt sich hier eine Verbindungslinie ziehen zu den später üblichen Gebeten und Gottesdiensten «für Kaiser und Reich».

Der Kult der Roma und des Augustus wurde von den Einheimischen oft nur allzu gerne angenommen und für ihre Interessen genutzt, was Augustus nicht verborgen blieb. Als ihm eines Tages Abgesandte aus Tarraco in Spanien meldeten, aus seinem dortigen Altar sei eine Palme entsprossen (was als glückverheißendes Zeichen galt), entgegnete er trokken: *Da sieht man, wie wenig ihr ihn benutzt!*[72] Er wollte diesen Kult zwar als Mittel der Integration, aber nicht als Sprungbrett für «Aufsteiger» verstanden wissen. Caesar hatte im Zuge einer abrupten «Entkolonialisierung» Galliens kurzerhand Gallier zu Senatoren gemacht, und die Römer hatten sich mokiert über die frischgebackenen Senatsmitglieder in gallischen Hosen statt der römischen Toga, die erst nach dem Weg in die Kurie fragen mußten. Getreu seinem Motto: Eile mit Weile wollte Augustus eine allmähliche und organische Eingliederung der Provinzialen in die Reichsregierung. Sie konnten vom Landtag über die unteren Beamtenstellen zu Rängen im Heer und in der Reichsverwaltung aufsteigen, ja bis zu einem Sitz im Senat. Das Bürgerrecht sollte nicht wahllos verschenkt und damit entwertet, sondern als Auszeichnung für verdiente Männer vergeben werden. Damit hielt Augustus die Waage zwischen Romanisierung und Überfremdung und bewies seinen Sinn für eine «erzieherische» Politik.

Als nächstes nahm er eine Neuordnung der Provinzialverwaltung vor. Die im Ein- oder Zweijahresturnus wechselnden Statthalter der Republik hatten keine kontinuierliche Verwaltungspolitik ermöglicht. Auch hatten sie ihren Aufenthalt in der Provinz oft dazu benutzt, um sich mehr oder weniger ausgiebig zu bereichern. Ein späterer Prozeß wegen Amtsmißbrauch vor dem Repetundengerichtshof wurde von vornherein einkalkuliert. Der berüchtigte Statthalter von Sizilien, Gaius Verres, der von Cicero wegen räuberischer Erpressung angeklagt wurde, erklärte zynisch, am besten schaffe man die Gerichtshöfe für derartige Klagen ganz ab, denn sonst müßten die Statthalter nur um so mehr räubern, um ihre Anwälte zu bezahlen und die Richter zu bestechen. Es gab zwar nicht nur solche schwarzen Schafe wie Verres, aber als armer Mann aus der Provinz zurückzukehren, konnte sich kaum jemand leisten. Der Posten des Statthalters war ehrenamtlich, wie alle römischen Ämter. Sämtliche Aufwendungen, die mit ihnen verbunden waren, wie Bauten und Zirkusspiele, mußten aus eigener Tasche finanziert werden. Da den Senatoren Handels- und Geldgeschäfte von Staats wegen untersagt waren, blieben ihnen nur die Einnahmen aus ererbtem Grundbesitz, um ihre Angehörigen standesgemäß zu unterhalten. Zur römischen familia gehörten auch die Sklaven, und zu den Posten im Haushaltsbudget zählten außerdem noch die Aufwendungen für die Klientel, oft Hunderte von kleinen Leuten, die unter dem Schutz des Patronus standen, von ihm Zuwendungen erhielten und dafür bei Wahlen für ihn warben und ihm ihre Stimme gaben. All diese Aufwendungen mußten aus den Erträgen der Landwirtschaft finanziert werden. Die großen Güter aber, die Latifundien, waren kosten- und personalintensiv; sie hatten in Kriegszeiten Anbau- und Absatzschwierigkeiten, im Frieden aber, ohne Kriegsgefangene als billige Arbeitskräfte, und mit der Konkurrenz der Importgüter, waren sie wenig rentabel. Ein Posten als Gouverneur in einer der wohlhabenden Provinzen des Reiches war oft die einzige Chance für einen Senator, seine Vermögensverhältnisse zu regulieren. Die wenigen aber, die sich den Luxus einer tadellosen Amtsführung leisten konnten, klagten über die Mißwirtschaft der publicani, der Steuerpächter, die alle Konsolidierungsmaßnahmen wieder zunichte machte. Die publicani waren Angehörige des Ritterstandes, denen Wirtschafts- und Geldgeschäfte erlaubt waren. Sie nutzten dies nach Kräften aus, nicht nur aus Habgier, sondern um ihren Ritterzensus zu erfüllen: Sie mußten jeweils ein bestimmtes Vermögen nachweisen, um ihren «Klassenerhalt» zu sichern. Das Amt der Steuerpacht bot ihnen eine gute Einnahmequelle. Man schloß sich zu Kapitalgesellschaften zusammen und streckte jeweils den Steuerbetrag einer Provinz aus eigenen Mitteln vor. Dann trieb man das Geld mit Wucherzinsen (bis zu 33 1/3 %) wieder ein. Auch noch so integre Provinzgouverneure konnten die dadurch entstandenen Schäden nicht wettmachen. Augustus führte nun ein, daß die römischen Statthalter besoldet wurden. Sie erhielten ein festes Gehalt mit einer «Aufwandsentschädigung» und blieben meist mehrere Jahre in ihrer Provinz. Wenn die Abgeordneten der Landtage eine Klage einbrachten, konnten die Statthalter auch während ihrer Amtszeit zur Verantwortung gezogen werden. Der Repetundengerichtshof, der für solche Klagen zuständig war, wurde von Augustus persönlich überwacht. Bei einem Schuldspruch wurde auch Wiedergutmachung gefordert. Die Steuerpacht wurde der staatlichen Kontrolle unterstellt und später ganz aufgehoben. Es wurden Prokuratoren eingesetzt, Beamte aus dem Rit-

Tempel von Philae (auf einer Nilinsel beim Assuanstaudamm), von Augustus erweitert

terstand mit einem festen Gehalt. Sie hatten das Steueraufkommen jeder Provinz (Grund- und Personalsteuer) festzusetzen. Die Gesamtsumme wurde anläßlich eines Provinzialzensus[73] immer wieder neu festgesetzt und der realen Wirtschaftskraft der einzelnen Provinzen angepaßt. Regionen, die durch die ungeheuren Kontributionen der Bürgerkriegszeit verelendet waren, erhielten einen Nachlaß, bis sie sich wieder erholt hatten. In Ägypten richtete sich der landwirtschaftliche Ertrag nach der jährlich wechselnden Höhe der Nilschwelle. Der Steuerbetrag wurde nun jeweils erst nach der Messung der Nilschwelle festgesetzt.

Augustus machte seine Neuordnungen überall im Reich bekannt und ermunterte die Bevölkerung, im Bedarfsfall ihre Rechte wahrzunehmen.

Umfangreiche erhaltene Listen von Beschwerden und Bittgesuchen zeigen, daß das Anrufungsrecht auch praktiziert wurde. In einem Edikt aus Kyrene (Nordafrika) ließ Augustus verkünden:

Aus diesem hier veröffentlichten Senatsbeschluß wird allen Bewohnern im ganzen Reich offenbar werden, welche Fürsorge ich und der Senat tragen, damit niemand unserer Untergebenen wider Gebühr etwas erleide oder zwangsweise abgeben müsse.[74]

Neben der Provinzverwaltung gab es dringende Aufgaben auf dem Gebiet der Finanzen, des Militärwesens, der Rechtspflege und nicht zuletzt der Außenpolitik. Um die erforderlichen Maßnahmen durchzuführen, schuf Augustus einen gutorganisierten und ebenso gutkontrollierten Verwaltungsapparat. Die Beamten kamen aus allen Schichten der Bevölkerung: nobiles, Ritter, Provinzialen und Freigelassene, alle hatten ihre Aufgabe und waren am Aufbau des Staatswesens beteiligt. Die straffe Leitung durch den Princeps hielt die Rivalität zwischen Ritter- und Senatorenstand und den Gruppenegoismus nieder, die beiden Grundübel, die in den Zeiten der Republik oft jeden guten Ansatz schon im Keim erstickt hatten. Ciceros Programm einer Einheitsfront aller boni cives, verantwortungsbewußter Bürger aus allen Schichten, war jeweils nur kurzfristig unter dem Zwang der Verhältnisse Wirklichkeit geworden. Seine Forderung nach der Beteiligung von Freigelassenen[75] hatte entrüstete Ablehnung gefunden. Unter dem Druck des Princeps formierte sich nun ein neuer Dienstadel, der alle Schichten einschloß, wie es Cicero seinerzeit gefordert hatte. Augustus selbst bot sich als «Integrationsfigur» an, war er doch Sohn eines gebürtigen Ritters vom Lande, Adoptivsohn eines Patriziers aus der Stadt, Gatte einer Römerin von altem Adel.

Der Aufbau einer neuen Führungsschicht ging nicht überall reibungslos vonstatten. Es war nicht jedem gegeben, wie der Princeps seine Vergangenheit hinter sich zu lassen und in die Rolle des Staatsdieners überzuwechseln. Ägypten, wo Alexander der Große und Antonius und Kleopatra ihr Grab hatten, war ein guter Nährboden für Großmachtträume, wie das Beispiel des Cornelius Gallus zeigt. Er war ein Dichter (Vergil rühmte ihn als Schöpfer der römischen Liebeselegie), aber er diente nicht nur den Musen, sondern auch dem Mars. Im Krieg gegen Antonius hatte er sich hervorgetan und war dafür von Octavian, mit dem er befreundet war, zum Präfekten Ägyptens, zum ersten Statthalter des Landes, ernannt worden. Sein Ruhm stieg ihm zu Kopfe, er ließ sich Bildsäulen setzen und pries seine Verdienste sogar in Inschriften auf den Pyramiden. Augustus und der Senat fühlten sich alarmiert, als zudem noch die Kunde von höchst selbstherrlichen Äußerungen des «Vizekönigs» von Ägypten nach Rom gelangte. Das Schicksal des Antonius schien sich zu wiederholen: ein Römer, der den Verockungen des Orients erlag. Augustus hatte solches befürchtet und zu verhindern versucht, indem er Ägypten keinem der stolzen Aristokraten Roms, sondern einem Ritter anvertraute, einem

Theater von Orange, Anfang 1. Jh. n. Chr. Hier finden heute noch Theateraufführungen statt, bei denen die Augustus-Statue beleuchtet wird

Freund, der ihm seinen Aufstieg verdankte. Gallus wurde wegen Hochverrats vor Gericht gezogen und mit dem Exil bestraft. Er beging Selbstmord: Zu jäh war der Absturz aus den schwindelnden Höhen seines Glücks gewesen. Die Inschrift auf einem ägyptischen Obelisken wurde getilgt, wie heute noch zu erkennen ist[76], und Vergil tilgte das Gedächtnis des Dichters aus seinem Werk. Die «Georgica» hatten mit einem Lob auf Gallus geschlossen. Nun enden sie mit Versen über Orpheus, den unglücklichen Sänger.

Augustus behielt Ägypten unter scharfer Kontrolle; er gab ihm nicht den Status einer Provinz, sondern ließ es als «Kronland» weiterhin von römischen Rittern verwalten, die ihm persönlich unterstellt waren. Senatoren war es nicht erlaubt, ohne ausdrückliche Genehmigung dorthin zu reisen.

Um die Soldaten gegen verlockende Großmachtträume ihrer Feldherren immun zu machen, richtete Augustus einen Militärfonds ein (aerarium militare), eine staatliche Versorgungskasse für die etwa 300000 Berufssoldaten, die ständig unter Waffen standen. Sie wurden nun angemessen entlohnt und nach ihrer zwanzigjährigen Dienstzeit großzügig versorgt. Die Zeiten, da Soldaten auf Rom marschierten, um ihre Ansprüche durchzusetzen, sollten ein für allemal vorüber sein. Augustus hatte seine Vergangenheit hinter sich gelassen. Er hielt auf strenge Zucht und unterband sogar die gewinnende Anrede «commilitones», die er und sein Adoptivvater gern benutzt hatten. Sie habe in der Öffentlichkeit zu unterbleiben, ließ er verkünden, da sie zu schmeichlerisch sei und der militärischen Zucht, der Ruhe der Zeit und der Würde des Prinzipats nicht angemessen.[77] Persönlich blieb Augustus den Soldaten gegenüber freundlich und jovial. Ein Soldat wollte es einmal nicht hinnehmen, daß er aus disziplinarischen Gründen entlassen werden sollte. Auf seine besorgte Äußerung: «Was wird denn mein Vater sagen, wenn ich heimkomme?», gab ihm Augustus den Rat: *Sage einfach, ich hätte dir nicht gefallen!*[78] Er trug dafür Sorge, daß sich die Soldaten in den Grenzorten des Reiches ansiedelten, wo sie stationiert gewesen waren. Wenn sie dort einheimische Frauen heirateten, Wasserleitungen bauten und Weinreben pflanzten, waren sie unkriegerische, aber erfolgreiche Vorposten römischer Zivilisation. Der Romanisierung diente auch die systematische Eingliederung der Provinzialen ins Heer. Augustus ließ Hilfstruppenregimenter (auxilia) bilden, die in ihrer Gesamtstärke kaum geringer waren als die Legionen. Gallische und germanische Hilfsvölker genossen bald den besten Ruf sowohl wegen ihrer Tapferkeit als auch wegen ihrer Loyalität. Nach ihrer fünfundzwanzigjährigen Dienstzeit erhielten die auxiliarii samt ihren Familien das römische Bürgerrecht.

Für die großzügige Versorgung der Soldaten wandte Augustus riesige Summen auf, zum Teil aus eigenen Mitteln, da die einprozentige Warenumsatzsteuer sowie die fünfprozentige Erbschaftssteuer, die dem Militärfonds zufloß, bei weitem nicht ausreichte. Zu Zeiten des Triumvirats war die Versorgungskasse weniger strapaziert worden; damals hatte man die Ländereien für die Veteranenansiedlung entschädigungslos enteignet. Nun betonte Augustus mit Stolz, daß er ausnahmslos alles Land den Vorbesitzern abgekauft habe.[79] Der Frieden hatte seinen Preis. Große Summen wandte Augustus auch für Entlassungsgelder auf, die nur die Soldaten erhielten, die in ihre Heimatorte zurückkehrten. Keinesfalls sollten die Veteranen das hauptstädtische Proletariat vermehren.

Die Lage der Plebs suchte Augustus durch ein ganzes Bündel von Maßnahmen, von sozial- und wirtschaftspolitischen Initiativen, zu verbessern. Er versuchte den Zuzug in die Hauptstadt zu bremsen, um dadurch der Verödung des Landes und der Verproletarisierung der Bevölkerung vorzubeugen, ein Problem, das man bis heute nicht in den Griff bekommen hat. Augustus bestimmte, daß auf jeder Großplantage ein Drittel der Landarbeiter freie Römer sein müßten. Damit wollte er verhindern, daß die Großgrundbesitzer auf Sklaven als billigere Arbeitskräfte auswichen. Die Zahl der Getreideempfänger in Rom, der Wohlfahrtsempfänger, reduzierte er drastisch. Damit folgte er dem Rat, den Sallust einst Caesar gegeben hatte, nämlich die Getreidespende nicht länger als Lohn für Drückeberger auszuteilen. Wie Sueton berichtet, habe Augustus die öffentlichen Getreidezuteilungen am liebsten ganz abschaffen wollen, *weil die sichere Hoffnung darauf dem Ackerbau eine Menge Hände entziehe*[80]. Er habe nur deshalb davon abgesehen, weil er überzeugt war, daß nach seinem Tode der alte Mißbrauch doch wieder eingeführt werden würde.

Nicht nur in Rom, sondern auch in Italien und im ganzen Reich führte Augustus ein riesiges «Arbeitsbeschaffungsprogramm» durch. Das Manufakturwesen wurde überall gefördert. Gerade in – wie man heute sagen würde – strukturschwachen Gebieten, wie in Gegenden Syriens und Tunesiens, entstanden Zentren des Glas- und Töpferhandwerks. Auf den gut ausgebauten Straßen des Imperiums entwickelte sich ein reger Handel dieser Waren, von denen man Stücke in Indien wie in Britannien, an der Nordsee wie am Kaspischen Meer gefunden hat. In Ägypten stellten Pioniereinheiten die Bewässerungskanäle wieder her, die seit langer Zeit verschlammt waren und die Ernteerträge minderten. Das überall eingerichtete römische Bewässerungssystem ermöglichte Landwirtschaft in Gebieten, die vorher (und vielfach auch nachher bis zum heutigen Tag) Wüste waren. Auch das allenthalben florierende Bauwesen schuf Arbeitsplätze. Überall im Reich wetteiferten die Städte, nach dem Vorbild der Hauptstadt Foren, Thermen und Theater zu errichten.

Wie Augustus seine Bautätigkeit ansah, zeigt folgende (später auf Vespasian übertragene) Geschichte: Als einmal ein Baumeister zu ihm kam und ihm das Modell eines von ihm erfundenen Krans vorführte, mit dem man bequem Baumstämme, Säulentrommeln und sonstiges schweres Baumaterial auf die Hügel Roms hinauftransportieren konnte, kaufte

Aquädukt von Caesarea in Palästina, von römischen Legionären erbaut. Die Stadt wurde von Herodes dem Großen zu Ehren seines Freundes Augustus benannt

Augustus dem Erfinder zwar das Patent ab, erklärte aber, er werde den Kran nicht bauen lassen. Denn er müsse ja die Leute beschäftigen. Die Überflüssigen würden sonst wieder die Zahl der Wohlfahrtsempfänger vermehren.

Panem et circenses (Brot und Spiele) verlangte die Menge seit jeher, und wenn Augustus auch den Brotkorb höher gehängt hatte, so konnte und wollte er doch nicht bei den Spielen sparen, die seit Caesar ein wichtiges Mittel der Politik waren. Für die Selbstdarstellung des Princeps und die Kommunikation mit dem Volk waren sie unerläßlich. Wie in einer Volksversammlung hatte das Volk hier die Möglichkeit, Zustimmung und Ablehnung zur Politik des Princeps zum Ausdruck zu bringen, ein Stimmungsbarometer für den Herrscher. Die Ausrichtung von Spielen gehörte seit jeher zur Amtspflicht der Magistrate, sie fielen nun in den Aufgabenbereich des Princeps. Augustus veranstaltete Gladiatorenkämpfe, Tierhetzen und Seeschlachten und vermerkte gewissenhaft in seinem Rechenschaftsbericht, welch riesige Summen er dafür aufgewendet habe. So großzügig er sich dabei auch zeigte, so war ihm doch im Umgang mit dem Volk eine Art erzieherischer Sparsamkeit eigen, wie sie einen römischen Hausvater auszeichnete. So erklärte er einmal, als sich das Volk über den Mangel an Wein und den hohen Preis beklagte, sein Freund Agrippa habe

Römischer Baukran. Relief vom Grabmal der Haterier in Rom. 1. Jh. n. Chr. Rom, Vatikan, Museo Profano

mit dem Bau seiner Wasserleitungen dafür gesorgt, daß niemand Durst leiden müsse.[81]

Als gewissenhafter Hausvater aller Römer war Augustus auch um einen geregelten Staatshaushalt bemüht. Er stellte als erster römischer Staatsmann ein Budget auf und richtete eine eigene Kanzlei für die Staatsfinanzen ein, die auch den jährlichen Haushaltsbericht abzufassen hatte. Darin war eine statistische Übersicht des Reiches enthalten, Angaben über die Stärke der einzelnen Provinzarmeen und die Höhe der Militärausgaben, die Summe des Staatsschatzes sowie Aufstellungen über sämtliche regelmäßig anfallenden Einkünfte und Ausgaben.

Um in allen administrativen Bereichen sachkundig die nötigen Direktiven geben zu können, richtete Augustus das consilium Caesaris, einen ständigen Ausschuß qualifizierter Fachleute, meist ehemaliger Beamter, ein, die ihm beratend zur Seite standen.

Die gewissenhafte Rechtspflege sah Augustus als einen Teil seiner cura, seiner Sorgepflicht, an. Er nahm zahlreiche Neuordnungen im Gerichtswesen vor, revidierte Gesetze und schaffte Mißstände ab. Da die Bereitschaft, sich als Geschworener bzw. Richter aufstellen zu lassen, recht gering war, ging er selbst mit gutem Beispiel voran und nahm fast täglich an Gerichtsverhandlungen teil. Den Repetundengerichtshof, der für Klagen der Provinzialen zuständig war, hielt er unter steter Kontrolle. Bis in die Nacht hinein verhandelte er Rechtsfälle, in der Sänfte oder auf dem Lager liegend, wenn er sich, wie so oft, nicht wohl fühlte. Der persönliche Einsatz des Herrschers für die Rechtspflege wurde seitdem zur Tradition im Prinzipat und verschaffte dem römischen Recht seine hohe, das Imperium Romanum überdauernde Geltung. Hundert Jahre nach Augustus geschah es, daß eine Frau auf der Straße Kaiser Hadrian an-

Marcellustheater, 23. v. Chr. begonnen und zu Ehren des frühverstorbenen Augustus-Neffen benannt. Daneben Tempel des Apollo Sosianus, von L. Sosius um 27 v. Chr. geweiht

sprach und ihn bat, sich ihres Rechtsfalles anzunehmen. Als der Kaiser antwortete, er habe keine Zeit, rief sie: «Dann sei auch nicht Kaiser!» Daraufhin kehrte er um, hörte die Frau geduldig an und entschied ihren Fall. Eine ähnliche Geschichte erzählte man auch von Trajan.

Während der Ausbau der Verwaltung allenthalben rasche Fortschritte machte, kam es im Jahre 23 v. Chr. in der Hauptstadt zu starken Spannungen und schließlich zu einer ernsthaften Krise. Es bildete sich eine senatorische Opposition, ja es entstand sogar eine Verschwörung. Augustus mußte spüren, wie sich die Schatten der Iden des März auf sein Werk legten. Nicht aus dem Willen zur Macht, sondern im Bestreben, Ruhe und Ordnung zu sichern, hatte er die Angehörigen der Nobilität stark eingeengt. Um nach dem ägyptischen Abenteuer des Gallus niemandem mehr einen Anreiz zu militärischen Eskapaden zu bieten, hatte er den Feldherren das Recht genommen, in ihrem eigenen Namen einen Triumph zu feiern. Er selbst bekleidete Jahr für Jahr das Konsulat, um stets eine Möglichkeit zum Eingreifen zu haben. Damit blockierte er jeweils eine Stelle des begehrten höchsten Ehrenamtes. Auf der anderen Seite aber stand sein Anspruch, als Princeps nur der Erste Bürger zu sein und sich in den Rahmen der Verfassung einzufügen. Je mehr er auf diesem Anspruch bestand, desto eher mußten andere zu der Überzeugung kommen, auch sie könnten als primi inter pares zur Übernahme dieser Rolle fähig sein. Das war ein Widerspruch, der mit dem novus status des Augustus gegeben war; er mußte stets von neuem ausgetragen werden.

Die Aufdeckung der Verschwörung, an deren Spitze sein Mitkonsul Terentius Varro Murena stand, hätte dem Princeps eine gute Gelegenheit geboten, die gesamte senatorische Opposition zu zerschlagen. Augustus machte keinen Gebrauch davon. Er bewies statt dessen, daß er im Interesse seines novus status zu einer Kurskorrektur bereit war. So legte er sein Dauerkonsulat nieder und schlug als Nachfolger für sich selbst und den Verschwörer Murena zwei eingefleischte Republikaner vor, die sich bisher demonstrativ von Ämtern ferngehalten hatten. Von dem einen von ihnen war bekannt, daß er den Geburtstag des Marcus Brutus zu feiern pflegte. Die Geste des Augustus wurde verstanden und gewürdigt. Der Senat verlieh ihm die tribunizische Gewalt auf Lebenszeit, verbunden mit dem Recht, den Senat einzuberufen, sowie ein Kommando über die Heere in den Provinzen, das dem der dortigen Statthalter übergeordnet war (imperium proconsulare maius). Innenpolitisch hatte er damit keineswegs ein Übergewicht; was er kraft seiner tribunicia potestas an Vorschlägen und Gesetzesanträgen einbrachte, mußte durch auctoritas gedeckt sein. Anders hätte er seine Stellung auf die Dauer ohne massive Druckmittel – etwa Einsatz von Soldaten – nicht halten können. Davon ist jedoch aus den Quellen nichts bekannt.[82]

Die Krise war gemeistert, das Vertrauen wiederhergestellt, da fiel Augustus in eine schwere Krankheit. Er glaubte sein Ende nahe und dachte daran, abzudanken. So berief er die höchsten Beamten sowie seine Vertrauten an sein Krankenlager. Dem Konsul Piso übergab er das Haushaltsbudget, Agrippa aber seinen Siegelring. Das gut funktionierende Verwaltungssystem konnte man einem der jährlich wechselnden Beamten anvertrauen, die Kommandogewalt über die Heere aber wollte Augustus lieber auf Dauer vergeben. Kein Zweifel, daß Agrippa hierfür der Geeignetste war. Man mochte sich an das Ende Alexanders des Großen erinnern, der seinen Siegelring dem Perdikkas übergeben und das Reich «dem Besten» bestimmt hatte. Den Römern blieben jedoch Diadochenkämpfe erspart, denn der todkranke Princeps wurde wieder gesund. Offenbar war es ein Leberleiden, das ihn an den Rand des Grabes gebracht hatte. Sein Arzt Antonius Musa entschloß sich zur Anwendung von Kaltwasserkuren, verbunden mit Rohkostdiät. Die Kneippkur war ein Risiko und eine Neuheit; als sie erfolgreich verlaufen war, wurde sie bald allgemein nachgeahmt. Augustus hatte sich der Kur mit Geduld unterzogen, er war stets ein idealer Patient, der die Kunst der Ärzte durch eine mäßige Lebensweise und eine vernünftige Diät unterstützte. Dadurch vermochte er seiner schwachen und kränklichen Natur Widerpart zu bieten und sogar ein unerwartet hohes Alter zu erreichen.

Das neue Rom

Nach seiner Genesung wandte sich der Princeps einer Aufgabe zu, die ihm sehr am Herzen lag, der Verschönerung der Stadt und der Verbesserung ihrer Einrichtungen. «Die Hauptstadt, die nicht der Würde des Reiches entsprechend ausgebaut war und oft durch Hochwasser und Großfeuer Schaden nahm, verschönerte Augustus in solchem Maße, daß er sich zu Recht rühmen durfte, er hinterlasse eine Stadt aus Marmor an Stelle der aus Ziegeln, die er vorgefunden habe. Für die Sicherheit Roms aber sorgte er, soweit es nach menschlicher Voraussicht möglich war, sogar bis in die Zukunft hinein.»[83] Die städtebaulichen Vorhaben bildeten ein gewaltiges Investitionsprogramm für fast zwei Jahrzehnte. Für die Bauten wurden die Marmorbrüche von Carrara erschlossen, denen noch die Kunstwerke Michelangelos ihren unvergleichlichen Schimmer verdanken. Weniger spektakulär, aber vielleicht noch wichtiger waren die großangelegten Urbanisierungsmaßnahmen. Sie kamen den einfachen Bürgern zugute, die nachts nicht ruhig schlafen konnten, weil sie Feuer, Hochwasser oder den Einsturz ihrer bis in schwindelnde Höhen gebauten Quartiere fürchteten.

Ganz Rom wurde in einzelne Distrikte eingeteilt, denen Freigelassene als Bezirksvorsteher (vicomagistri) vorstanden. Die zahlenmäßig große, aber geringgeschätzte Klasse der Freigelassenen erfuhr damit eine Aufwertung, zumal ihnen auch der Kult der lares compitales anvertraut wurde. Diesen volkstümlichen Schutzgeistern der Flur waren an den Wegekreuzungen (compita) kleine Altäre aufgestellt. Die ärmere Bevölkerung fand sich hier zum Fest der Compitalia zusammen. Sie verehrte unter den Laren auch den Genius Augusti als den Schutzgeist des römischen Volkes. Augustus sanktionierte diesen Kult, der nicht ihm als Person, sondern den segensreichen Kräften galt, die ihm die Götter verliehen hatten.

Die Bezirksaufseher waren für die Aufrechterhaltung der öffentlichen Ordnung und Sicherheit verantwortlich.

Polizeistreifen patrouillierten des Nachts, um Überfälle zu verhindern und Brände im Aufflackern zu ersticken, bei Tag hatten sie unter anderem Neubauten zu überwachen, damit die erlaubte Geschoßhöhe der Mietshäuser von 20 Meter nicht überschritten und kein minderwertiges

Baumaterial verwendet wurde. Wasserinspektoren sorgten für die Verbreiterung und die Reinhaltung des Tiberbettes. Das Abwässernetz der cloaca maxima wurde erneuert und ausgebaut. Die Verbesserung der Trinkwasserversorgung war das Werk des großen Baumeisters Agrippa. Er ließ eine Wasserleitung aus der Gegend von Tivoli bis nach Rom legen, die Acqua Vergine, die noch heute die berühmten Brunnen Roms speist, darunter die Fontana di Trevi. Dank Agrippa gab es in Rom eine so großzügige Wasserversorgung auch für Privathaushalte, wie sie erst wieder in unserer Zeit erreicht wurde. Die Arbeiten wurden unter der Leitung des bedeutenden Architekten und Wasserbau-Ingenieurs Vitruv ausgeführt.

Für die Instandhaltung der weitverzweigten Systeme bedurfte es einer Wasseraufsichtsbehörde, und um Beschädigungen und Verunreinigungen zu verhindern, mußten Verordnungen und Gesetze erlassen werden, wie sie uns aus dem Werk des Frontinus über die Wasserleitungen Roms überliefert sind.

An diesen vorbildlichen und zukunftsweisenden Urbanisierungsmaßnahmen ist eine Entwicklung abzulesen, die nicht nur für Rom typisch ist. Soziale Maßnahmen erfordern einen immer stärkeren Ausbau des staatlichen Verwaltungsapparates samt einer Flut von Gesetzen und einengenden Regelungen aller Art: je mehr Wohlfahrt, desto mehr Staat. Allzuviel

Augustus-Forum mit den Säulen des Mars Ultor-Tempels in Rom, 2 v. Chr. geweiht

Säulen vom Tempel des Mars Ultor auf dem Augustus-Forum, 2 v. Chr.

Luxus und Bequemlichkeit aber führen zu Überdrußerscheinungen. Horaz erklärte, ihm behage das fürstlich herausgeputzte Rom nicht. Er zog das Leben auf dem Lande vor, auf seinem Sabinergütchen, das ihm Maecenas geschenkt hatte, mit Brunnen statt Wasserleitungen, einer

Wiese anstatt des Theaters und Waldeseinsamkeit statt des Großstadtbetriebes. Die Römer aber, die in engen, stickigen Mietswohnungen hausten, sehnten sich nicht «zurück zur Natur». Sie waren dankbare Benützer der Thermen, die Agrippa für sie erbaute. Mit ihnen begann die einzigartige römische Badekultur, die sich bald bis in die äußersten Provinzen des Reiches ausbreitete. Mit ihren Dampfbädern, Kalt- und Warmwasserbassins, Schwimmhallen und Massageräumen dienten die Thermen der Hygiene und Gesundheitspflege. Sie besaßen aber auch Gymnastikräume, Ballspielplätze, Vortragssäle, Bibliotheken und Ausstellungshallen, dazu Einkaufspromenaden und Oasen der Ruhe. Als Fitnesscenter und Kommunikationszentren sind die römischen Thermen bis heute der Wunschtraum aller Städteplaner.

Agrippas Thermen, von denen heute nur noch Mauerreste vorhanden sind, grenzen an sein berühmtestes Bauwerk an, das 27 v. Chr. einge-

Garten des Hauses der Vestalinnen auf dem Forum Romanum, 2. H. 1. Jh. v. Chr.

Tempel der Roma und des Augustus in Ankara mit dem Text der «Res gestae» des Augustus (Monumentum Ancyranum), um 20 v. Chr. Inschrift nach 14 n. Chr.

weihte Pantheon. Dieser Rundbau, der schon früh in eine christliche Kirche umgewandelt wurde, ist das am besten erhaltene antike Bauwerk Roms. Die Inschrift, die Marcus Agrippa als Erbauer bezeichnet, stammt von Kaiser Hadrian. Er hat den oftmals durch Brände zerstörten Bau von Grund auf erneuert. Man vertritt heute die Ansicht, daß auch Hadrian erst die großartige Kuppel als Abbild des Himmelgewölbes aufgesetzt und dem Bauwerk damit seine kosmische Dimension gegeben habe.[84] Der Tempel des Agrippa aber war demnach ein Breittempel, ein viereckiger Bau, der den Göttern des julischen Hauses, Venus, Mars und Caesar, geweiht war.

Von den Bauten, die Augustus selbst errichten ließ, ist an erster Stelle sein Grabmal zu nennen, das auf dem Marsfeld am Tiber gelegene Mausoleum des Augustus.[85] Es war ein imponierender Rundbau, den in 44 Meter Höhe eine Augustus-Statue krönte. Die Grabkammer lag innerhalb mehrerer konzentrischer Mauerringe und enthielt Nischen für die Urnen. Es war die Tragödie seines Lebens, daß Augustus hier so viele Mitglieder seiner Familie bestatten mußte, die in blühendem Alter starben und deren Tod all seine Hoffnungen zunichte machte. Der erste, der bereits im Jahre 23 dort beigesetzt wurde, war Marcellus, der noch nicht zwanzigjährige Sohn Octavias. Der Neffe sollte Augustus den vom Schicksal versagten Sohn ersetzen. Daher hatte er ihn mit seiner Tochter Julia verheiratet und so in seine engere Familie aufgenommen. Trotz seiner Jugend wurde Marcellus Aedil und empfahl sich dem Volk durch prächtige Spiele. Vergil hat dem Frühverstorbenen in der Heldenschau seiner «Aeneis» ein rührendes Denkmal gesetzt: Tu Marcellus eris – Du wirst Marcellus sein ...[86] Die untröstliche Mutter soll in eine Ohnmacht verfallen sein, als Vergil die Verse vortrug.

Augustus hatte bestimmt, daß nach seinem Tod am Eingang des Grabmals auf Bronzetafeln die *Res gestae*, sein Tatenbericht, veröffentlicht werden sollten. Die endgültige Fassung des Textes nahm er in seiner letzten Lebenszeit vor und gab die *Res gestae* dann zugleich mit seinem Testament in die Obhut der Vestalischen Jungfrauen. Alle Welt sollte erfahren, was er für Rom getan, welche Leistungen und Aufwendungen er für das Staatswesen erbracht hatte. Der Text wurde nach Augustus' Tod überall im Reich in den Amtssprachen Latein und Griechisch an öffentlichen Gebäuden angeschlagen. Sein Wortlaut wäre aber verloren, wenn sich nicht 1555 am Tempel der Roma und des Augustus in Ancyra (Ankara) eine

Pantheon in Rom, 26 v. Chr. von Agrippa erbaut,
120–125 von Hadrian erneuert und umgebaut

Abschrift wiedergefunden hätte. 1821 und 1930 entdeckte man an der Stätte des alten Apollonia in Kleinasien Teile einer griechischen Kopie, und außerdem kamen in Antiochia noch Bruchstücke einer lateinischen Fassung zutage. Daraus konnte man einen weitgehend gesicherten Text dieses wertvollen Dokuments erstellen, das Theodor Mommsen die «Königin der Inschriften» genannt hat. Nach dem Hauptfundort Ancyra wird der Text auch «Monumentum Ancyranum» genannt. Heute sind die *Res gestae* wieder in Sichtweite des Mausoleums zu lesen: an der Außenwand der gegenüber aufgebauten Ara Pacis.

Annos undeviginti natus ... ein wahrhaft lapidarer Stil, voll großartiger Würde und Klarheit. Die 35 knappen Kapitel sind in vier Hauptabschnitte gegliedert. Der erste (Kap. 1–14) schildert den Beginn der politischen Laufbahn des Augustus und berichtet von den Ehrungen und Ämtern (*honores*), die ihm zuteil wurden. Der zweite Abschnitt (15–24) enthält die Aufstellung der *impensae* (Aufwendungen), der Gelder, die er aus eigenen Mitteln für öffentliche Bauten, Spiele und Spenden an die Bevölkerung ausgab. Im dritten Abschnitt (25–33) erfährt man von den militärischen Siegen und der erfolgreichen Außenpolitik des Princeps. Den Höhepunkt des Tatenberichts bilden die beiden Schlußkapitel (34–35), in denen Augustus von seiner besonderen Ehrenstellung innerhalb des Staates spricht: sein Aufstieg zur summa auctoritas, durch die der princeps zum pater patriae, zum Schutzherrn aller Bürger, wird. Ein Leistungs- und Tatenbericht, der als politisches Testament an die römische Tradition des elogiums (der Grabinschrift) anknüpft. *Virtus* – Tüchtigkeit, *res gestae* – Leistungen, *honores* – Ehrungen und Ämter, so lautet die typische Disposition, wie sie zum Beispiel auf den Sarkophagen der Scipionen erhalten ist. Der Zweck dieser Elogia ist nicht nur der Ruhm, sondern ebensosehr der normativ verpflichtende Charakter eines exemplum, das auf die Mit- und Nachwelt wirken soll. Unter diesem Aspekt will Augustus seine Selbstdarstellung verstanden wissen. Es ist von daher auch verständlich, daß er manches verschwiegen oder beschönigt hat, das dem Vorbildcharakter Abtrag tun würde.

Die gleiche vorbildliche Wirkung wollte Augustus schon zu Lebzeiten ausüben. Der geeignete Ort, um seine Intentionen jedermann anschaulich vor Augen zu führen, war sein neues Forum, das sich an das Forum Caesars anschloß. Den Mittelpunkt bildete, wie beim Caesar-Forum, ein Podiumstempel, ringsum zogen sich Säulenhallen. An diese waren zu beiden Seiten große halbkreisförmige (Apsiden-)Säle angeschlossen. Sie dienten als Versammlungsorte für offizielle Zeremonien sowie als Vortragssäle. In den Nischen der beiden Apsiden und Säulenhallen waren auf Geheiß des Augustus die Statuen der großen Männer aus Roms Vergangenheit aufgestellt, von Aeneas über Fabius Maximus, Scipio Africanus bis zu Caesar. In einem Edikt[87] gab Augustus bekannt, seine Absicht sei es, daß am Musterbild jener Männer er selbst, so lange er lebe, und auch

Text der «Res gestae», des Tatenberichts des Augustus, moderne Kopie an der Ara Pacis in Rom

die Principes kommender Zeiten von den Bürgern gemessen werden könnten. Diese Galerie römischer Vorbildgestalten war gleichsam eine «Aeneis aus Stein» (Grimal). Vergils «Aeneis» entsteht zur gleichen Zeit, und wie in der Heldenschau des 6. Buches, so hatte man hier in den Denkmälern auf dem Augustus-Forum Roms große Männer als Mahnung und Vorbild vor Augen. Während die visionäre Schau des Dichters in Augustus Gipfel und Ende findet, hat der Realpolitiker Augustus auch seine Nachfolger im Blick, die ebenso wie er selbst am strengen Maßstab der Geschichte gemessen werden sollen.

Den Mittelpunkt des Forums bildete der Tempel des Mars Ultor, von dem heute nur noch drei korinthische Säulen aufrecht stehen. Dem Mars Ultor, dem Rächer, hatte Octavian vor der Schlacht von Philippi einen Tempel gelobt. Erst im Jahre 2 v. Chr. war dieser fertiggestellt, und die Weihe an Mars galt nun nicht mehr nur einem 40 Jahre zurückliegenden Ereignis, sondern dem Stammvater des Römervolks. In der Besinnung auf die Ursprünge wurde sein Bild von Livius, Vergil und Ovid neu belebt. Das römische Reich hatte seine bisher größte Ausdehnung erreicht, und sein Anspruch auf die Weltherrschaft war unangefochten. Aus den fernsten Ländern der Erde, aus Skythien und Indien, kamen Huldigungsgesandtschaften; Expeditionen gingen nach Arabien und ins Innere Afrikas, und im Jahre 20 v. Chr. errang Augustus einen großen diplomatischen Erfolg. Die Parther gaben die Feldzeichen zurück, die Crassus bei Carrhae und kürzlich Antonius eingebüßt hatten. Augustus hatte einen Verständigungsfrieden geschlossen und die Existenz des Partherreichs anerkannt. Wohl hatten die Dichter immer wieder zum Krieg und zur Eingliederung der Parther ins Reich aufgerufen, Augustus aber hatte sich anders entschieden. Er sah das Imperium Romanum als ein Reich an, das nicht mehr der Ausweitung, sondern nur noch der Sicherung seiner Grenzen bedurfte. Die auf diplomatischem Wege wiedergewonnenen Feldzeichen ließ er im Tempel des Mars aufstellen und tat so kund, daß dieser Erfolg einem militärischen Sieg gleichzusetzen sei. Auf dem Panzer der berühmten Augustus-Statue von Primaporta ist die Übergabe der Feldzeichen dargestellt: Aus der Hand eines Barbaren nimmt der junge Feldherr Tiberius im Auftrag des Princeps den römischen Legionsadler entgegen.[88] Als Rahmenfiguren sieht man den Himmelsgott, die Sonne und die Morgenröte, die Mutter Erde (Tellus) sowie Apollo und Diana. Die göttlichen Mächte geben dem Ereignis nicht nur eine welthistorische, sondern eine kosmische Bedeutung. Die Rückgabe der Feldzeichen besiegelt die Pax Augusta, die das ersehnte neue Zeitalter Wirklichkeit werden läßt.

Der Friedensgöttin selbst errichtete man einen Altar auf dem Marsfeld und brachte ihr ein feierliches Opfer dar, als Augustus am 4. Juli 13 v. Chr. nach der endgültigen Ordnung Galliens und Spaniens nach Rom heimkehrte. Zum bleibenden Gedächtnis an dieses Opfer wurde der damals aufgeschlagene hölzerne Altar durch einen steinernen Bau ersetzt, die im Jahre 9 v. Chr. eingeweihte Ara Pacis Augustae. Sie besteht aus einem Sockel mit dem Altar, zu dem eine Treppe hinaufführt, und einer Außenmauer, die reichen Reliefschmuck trägt. Die Ara Pacis war jahrhundertelang verschollen; im 18. Jahrhundert fand man Reste der Marmorverkleidung, den Altar selbst konnte man aber erst 1936 und 1937 bergen. Es bedurfte komplizierter Grabungs- und Bergungsarbeiten: Man mußte das

Augustus-Statue von Primaporta, Rom, Vatikan. Auf dem Panzer ist die Rückgabe der Feldzeichen durch die Parther im Jahre 20 v. Chr. dargestellt

Ara Pacis Augustae, Altar des Augustus-Friedens, 9 v. Chr. eingeweiht

Prozessionsfries der Ara Pacis, Südseite, mit der Familie des Augustus (mit verhülltem Haupt als Opferpriester Agrippa, dann sein Sohn Gaius, seine Gattin Julia, Tiberius (?), dann Antonia die Jüngere (unten); ihr Gatte Drusus und Sohn Germanicus, Antonia die Ältere nebst Sohn und Gatten, dahinter der alte Maecenas (rechts).

Grundwasser künstlich vereisen und den Palazzo, unter dem der Altar verborgen war, durch Stützmauern absichern. Im Jahre 1937 feierte man die Aufstellung des Altars in einer verglasten Halle als Höhepunkt des Bimillenario Augusto, der Zweitausendjahrfeier von Augustus' Geburt. Die damit verbundene Glorifizierung der faschistischen Ära hat manchem das Kunstwerk bis heute verleidet. So schreibt zum Beispiel R. B. Bandinelli von der «fühllosen Programmatik offizieller Kunst mit ihrem hinlänglich banalen Symbolismus», die stets die Bewunderung der konformistischen Geister gefunden habe.[89] Um das Besondere der Ara Pacis ex contrario zu erfassen, bietet sich der Titel eines Buches aus jenem Jubiläumsjahr an: «Kaiser Augustus, Neuschöpfer Roms, Retter des römischen Reiches und der abendländischen Kultur, Ideal eines genialen und sozialen Friedensfürsten»[90]. Man würde erwarten, daß sich eine so überdimensionale Herrscherpersönlichkeit in einer Kolossalstatue an einem Bauwerk verewigen läßt, das mindestens die Ausmaße des Pergamon-Altars hat. Augustus hat es nicht zugelassen, daß man für ihn als den Schöpfer des Friedens eine Statue errichtete. Er regte statt dessen an, einen Altar des Friedens zu erbauen. Man sieht den Herrscher hier nur als einen von vielen (das Gesicht leider sehr zerstört), in Reih und Glied bei der Opferprozession. Was als programmatisch-offizielle Kunst erscheinen mag, ist gerade der bewußte Verzicht auf die große Geste des Individuums zugunsten eines allgemeingültigen und verbindlichen Sinngehalts.

Zwei Seitenreliefs zeigen Prozessionszüge der Priester und Senatoren sowie der kaiserlichen Familie mit Freunden und Angehörigen, unter ihnen das charakteristische Gesicht des alten Maecenas und liebevoll dargestellte Kinder. An den Eingangsseiten sieht man den Ahnherrn Roms und der Julier, Aeneas. Er bringt ein Opfer dar, als er endlich das gelobte Land Italien erreicht hat. An der Rückwand sind die Gestalten der Roma und der Tellus, der Mutter Erde, abgebildet. Roma sitzt auf einem Berg von Waffen, abgerüstet, da nun Frieden herrscht. Die Mutter Erde aber, das schönste Relief der Ara Pacis, atmet den Geist von Vergils «Georgica»: Mütterlich-segenspendend hält sie Kinder und Früchte auf dem Schoß, ihr zu Füßen ruhen Schaf und Rind. Umgeben ist sie von Frauengestalten, die reinen Lüfte und die heilsamen Wasser darstellend.

Die Ausdruckskraft der Darstellung erhebt die Figuren weit über ornamentale Allegorien, wie sie aus dem Hellenismus bekannt sind. Man erkennt hier, was den Geist der augusteischen Klassik ausmacht. Der Stolz über die Größe des Reiches und die Freude über den gesicherten Frieden führen nicht zu leerer Triumphatorengestik. Vom dunklen, leidvollen Hintergrund der Bürgerkriege hebt sich das leuchtende Bild der Gegenwart ab, ja bekommt es erst Relief. Die Pax Augusta wird als kostbarer Augenblick empfunden, da sich die Waage der Geschichte im Gleichgewicht befindet. Der Friede wird als Geschenk und Chance erlebt und bejaht, man erwirbt ihn, um ihn zu besitzen.

Im Jahre 17 v. Chr. wurden in Rom die Säkularspiele abgehalten, eine Feier, die sich als «Sinngebung der augusteischen Epoche» (Altheim) bezeichnen läßt. Diese Spiele hatten ihren Ursprung in alten Sühneriten, mit denen die Götter, vor allem die der Unterwelt, versöhnt und besänftigt werden sollten. Die Spiele fanden jeweils im Abstand eines saeculums statt. Das war nach etruskischer Vorstellung eine Zeitspanne von 110 Jahren, die höchstmögliche Lebenszeit eines Menschen. Seit dem Jahre 127 v. Chr. hatte kein solches Fest mehr stattgefunden. Die Sehnsucht der Zeit nach Heil und Entsühnung war unterdessen immer stärker geworden. Nun kündeten ein Sibyllenorakel und die Erscheinung eines Kometen, daß die Zeit erfüllt war. Ein Festzug bewegte sich zum Kapitol und zum Palatin hinauf. Bei feierlichen Opfern wurden die Götter nicht nur um Reinigung und Sühnung, sondern auch um Heil und Wohlergehen für die Zukunft angerufen. Die leuchtenden Himmelsgottheiten Apollo und Diana, die Parzen als Schicksalsgeberinnen, Tellus, die Mutter Erde, und Ceres, die Göttin der Feldfrucht, dazu die Geburtsgöttin Lucina sollten dem Römervolk Gedeihen, Nachwuchs und jegliches Heil gewähren. Auf steinernen Tafeln ist das Festprotokoll der ludi saeculares erhalten. Dort heißt es: «Nach Vollendung des Opfers trugen 27 Knaben und ebenso viele Mädchen das Festlied vor. Es wurde verfaßt von Q. Horatius Flaccus.»[91]

Das carmen saeculare des Horaz ist das dichterische Gegenstück zu den

Julisch-claudischer Prinz (?)

Kopf eines jungen Mädchens. Ende 1. Jh. v. Chr. Antikenmuseum der Kunstsammlungen der Ruhr-Universität Bochum

Reliefs der Ara Pacis. Hier wie dort erscheinen die heilsamen Wasser und die Lüfte Juppiters als der gesegnete Lebensraum, dazu Aeneas und eine feierliche Opferprozession. Die Knaben und Mädchen aber, die das Festlied vortragen, sind die nova progenies, das neue Geschlecht des goldenen Zeitalters, das Vergil in seiner 4. Ekloge ersehnt hatte. Huldreich sollen die Götter auf die festliche Schar herabschauen:

Und was erfleht von euch mit weißer Rinder Weihung
des Anchises und der Venus edler Sproß,
mög er's erlangen, dem Gegner übermächtig, dem überwundenen Feinde mild.[92]

Man fühlt die «Aeneis» gegenwärtig, deren Held der Sproß des Anchises und der Venus ist, und denkt an die berühmten Verse von der Bestimmung des Römervolkes:

«Parcere subiectis et debellare superbos» (die Unterworfenen zu schonen und die Trotzigen niederzukämpfen). Die Gleichsetzung des Augustus mit Aeneas, der das fluchbeladene Troja verläßt und eine neue Stadt gründet, war bei Horaz und Vergil bereits in den Jahren vor Actium erfolgt. Was damals Mahnung und Hoffnung war, hat nun Erfüllung gefunden:

Der, ja der ist der Mann, der dir so häufig verhießen,
Caesar Augustus, des Göttlichen Sohn, die goldenen Zeiten
Bringt er nach Latium wieder, wo einst Saturn regierte.[93]

So kündet in Vergils «Aeneis» der Vater Anchises seinem Sohn, als er ihn in der Unterwelt einen Blick in Roms Zukunft tun läßt. Wie die Ara Pacis und das Säkulargedicht des Horaz, so gehört die «Aeneis» zu den großen Schöpfungen der augusteischen Zeit, Ausdruck eines als kostbar empfundenen geschichtlichen Moments. Vergil war 19 v. Chr. gestorben, er hatte die «Aeneis» noch nicht endgültig herausgegeben, sie war aber durch Lesungen der einzelnen Teile bereits in der Öffentlichkeit bekannt. In seinem Todesjahr war Vergil zu einer Reise nach Griechenland und Kleinasien aufgebrochen. Dort, an den Stätten seines Epos, wollte er die letzte Hand anlegen. In Griechenland erkrankte er an einem heftigen Fieber. Augustus, der von einer Neuordnung des Ostens zurückkehrte, nahm den kranken Dichter mit sich in die Heimat. In Brundisium starb Vergil, und er bestimmte, daß die «Aeneis» nicht veröffentlicht, sondern verbrannt werden sollte. In den Vergil-Viten sind hierzu folgende Verse des Augustus überliefert:

Also konnte maßloses Wort durch letzte Verfügung
Solch entsetzlichen Frevel bestimmen? Also im Feuer
Stirbt die große Muse des sprachgewaltigen Maro?[94]

Augustus als Priester, Toga-Statue von der Via Labicana in Rom, spätaugusteisch.
Rom, Museo Nazionale

Augustus konnte die Zerstörung eines Werkes nicht dulden, das Rom krönte wie die Akropolis Athen. Hatte er doch selbst regen Anteil am Entstehen des Werkes genommen und den Dichter, der vor der Schwere seiner Aufgabe verzagte, sogar brieflich aus der Ferne ermuntert. Vergil hatte in seinen «Georgica» ein Epos angekündigt, das er mit einem Marmortempel verglich, in dessen Mitte der Caesar stehen werde. Im fertigen Werk aber stand Caesar Augustus nur in der Vorhalle, ganz wie im Pantheon. Dort hatte Agrippa ursprünglich eine Augustus-Statue unter den Götterbildern errichten wollen. Auf Geheiß des Princeps durfte er sie aber nur als Stifterfigur in der Vorhalle aufstellen. Vergil erkannte an, daß Augustus recht hatte, wenn er einer Glorifizierung und Vergottung seiner Person aus erzieherischen Gründen ablehnend gegenüberstand. Das neue Epos sollte keinen statischen Zustand des Erreichten wiedergeben, wie glücklich er auch sein mochte. Es mußte zeigen, daß in der Größe Roms eine Aufgabe für die Zukunft lag.

Vergil wählte als Helden der «Aeneis» keinen Sieger, sondern einen Flüchtling, der göttlicher Weisung gehorsam für sich und die Seinen eine neue Heimat sucht. Am Ende des Epos stehen nicht die Gründung der Stadt und der Aufstieg der stolzen Roma, sondern Kämpfe und Leid:

«Tantae molis erat Romanam condere gentem» (So vieler Mühsale bedurfte die Gründung des römischen Volkes)[95]. Nur als Zukunftsvision erlaubt der Dichter einen Blick auf die Machtstellung Roms und den Glanz der Gegenwart. Was er schildert ist der Weg und nicht das Ziel. Warum aber wollte Vergil die «Aeneis» verbrennen? War es nur das empfindliche künstlerische Gewissen, wie man meint, das sich wegen einiger unvollendeter Verse regte? Oder fühlte sich Vergil als imperialer Lobredner abgestempelt? Reduzierte man sein Werk schon damals (wie heute so oft) auf die historischen Vorblicke, die Verse, die von Roms Weltherrschaft künden? Neben diesen aber stehen, ebenso gewichtig, eindringliche Mahnungen, zur Vätersitte zurückzukehren, Warnungen vor dem sittlichen und sozialen Ruin der Bürgerkriege:

«Gewöhnt euren Sinn nicht an solche Kriege, meine Söhne, wendet Eure starken Kräfte nicht gegen das Herz des Vaterlandes!»

Und als Vox humana jener unvergleichliche Vers:

«Sunt lacrimae rerum et mentem mortalia tangunt» (Es gibt Tränen für die Dinge des Menschenlebens, und Sterbliches rührt Menschensinn).[96] Und war es nicht deutlich genug, was Vergil mit der Wahl seiner Hauptperson sagen wollte? Gewiß konnte und sollte sich der Princeps geehrt fühlen, als Julier rühmte er sich ja des Aeneas als seines Ahnherrn. Aber dieser Aeneas – er war kein strahlender Triumphator, sondern der pius pater, der dem Willen der Götter und dem Wohl der Seinen das eigene Wünschen und Wollen unterordnet. Als Symbolfigur für Augustus bedeutete dieser Aeneas Mahnung und Auftrag über den Tod des Dichters hinaus, ein ernstes Vermächtnis der Poesie an die Geschichte.

Die «Aeneis» war bald ein großer Publikumserfolg, freilich, wie Ovid behauptete, nicht wegen ihres sittlichen Gehalts, sondern weil das unglückliche Liebespaar Dido und Aeneas die Herzen rührte!

Nicht alle wandelten wie der Dichter mit dem Kaiser auf der Menschheit Höh'n. Der Friede hatte nicht nur positive Auswirkungen. Es gab auch die allbekannten Entartungserscheinungen des Wohlstands, die «Gründerjahrstimmung» einer maßlosen Besitz- und Lebensgier. Augustus sah, daß die exempla, die er gesetzt hatte, und das poetische Wort allein nicht ausreichten, um alle Römer zu den Vätersitten zu bekehren. Er beschloß, eine großangelegte Reformgesetzgebung ins Werk zu setzen und erließ Gesetze gegen Amtsmißbrauch und Ämtererschleichung sowie gegen übertriebenen Luxus. Im Mittelpunkt seiner Bemühungen standen Gesetze zur Familienpolitik: Erleichterung der Eheschließung, aber harte Sanktionen gegen Ehebruch, höhere Besteuerung der Ledigen und Vergünstigungen für Kinderreiche. Damit suchte Augustus die Familie als Keimzelle des Staates zu erneuern. Viele vornehme Römer und Römerinnen zogen es vor, ein mondänes Gesellschaftsleben zu führen statt eine zahlreiche Kinderschar großzuziehen. Aus ihren Reihen erhob sich massiver Protest gegen die Gesetzgebung des Princeps. Augustus sah sich zu einer Milderung, ja teilweisen Aufhebung seiner Maßnahmen gezwungen. Horaz hatte dies vorausgesehen. Wie seine Römer-Oden zeigen, befürwortete er die Gesetzgebung, er gab aber zu bedenken: Gesetze ohne die dazugehörende Gesinnung, die mores, können nichts bewirken. Der scharfblickende Tacitus nannte die altrömischen Werte «Tugenden, denen wir nicht mehr gewachsen sind»[97]. Die moderne Gesellschaft Roms wollte sich keine Vorschriften machen lassen. Sie sparte auch nicht mit herber Kritik, als Augustus ein Gesetz veröffentlichte, das eine Hebung der Kinderzahl bewirken sollte, und dabei eine zensorische Rede aus Altväterszeiten selber öffentlich vorlas. Die Kritiker der Familiengesetzgebung waren freilich die gleichen, die sich über eine zunehmende Überfremdung Roms beklagten. Aber je weniger Söhne altadliger Familien Roms zur Verfügung standen, um die zahlreichen Beamtenstellen und Ämter zu übernehmen, desto mehr mußte man die aufstrebenden Schichten des italischen Mittelstandes und die verdienten Provinzialen dazu heranziehen. Augustus war bemüht, der römischen Jugend einen Platz in der Gesellschaft anzuweisen. Er ließ das Troja-Spiel wieder aufleben, ein Ritterturnier auf dem Marsfeld, angeblich von Aeneas stammend, bei dem die Söhne der angesehenen Familien sich im Glanz ihrer Waffen dem Volk vorstellten. Auch erlaubte er, daß die jungen Männer ihre Väter zu Senatssitzungen begleiteten. Die Altersgrenze für die Übernahme von Ämtern wurde auf Antrag aufgehoben. Hierzu bemerkte Augustus in düsterer Erinnerung, hoffentlich kämen nie wieder solche Zeiten, daß man einen Zwanzigjährigen zum Konsul mache.

Die Problematik seiner Sittengesetzgebung mußte Augustus im eige-

Julia mit ihren Söhnen Gaius und Lucius. Denar, um 12 v. Chr. London, Britisches Museum

nen Hause erleben. Seine Gattin Livia hatte ihm keine Kinder schenken können; sie war um so mehr bemüht, das Bild einer altrömischen Matrone zu bieten. Sie saß am Webstuhl und webte alle Gewänder ihres Gemahls. Julia, die Tochter des Augustus aus seiner früheren Ehe, aber machte durch Skandalgeschichten von sich reden. Sie war streng nach altrömischer Sitte erzogen worden, mußte spinnen und weben und durfte keine Besuche von jungen Herren empfangen. Ganz nach alter Sitte hatte der Princeps auch sein einziges Kind nach familienpolitischen Rücksichten verheiratet. Zu ihrem Unglück mußte Julia drei solche politischen Ehen über sich ergehen lassen. Nach dem frühen Tod des Marcellus gab Augustus Julia dem Agrippa zur Frau, um den mächtigen Freund auch blutsmäßig an sich zu binden. («Bring ihn um oder mach ihn zum Schwiegersohn!» soll angeblich Maecenas dem Augustus geraten haben.) Julia gebar fünf Kinder. Auf die Söhne Gaius und Lucius setzte Augustus alle seine Hoffnungen. Er adoptierte sie beide, als er selbst den Gedanken an eigene Kinder endgültig aufgeben mußte. Als Agrippa im Jahre 12 v. Chr. starb, mußte sich Julia mit Tiberius, dem ältesten Sohn Livias aus ihrer ersten Ehe, verheiraten. Der schwerblütige, verschlossene Claudier stand dem Herzen des Augustus ferne, er tat ihm jedoch unschätzbare Dienste als Feldherr in siegreichen Kämpfen gegen die Alpenvölker, gegen Pannonier und Germanen. Tiberius mußte seine glückliche Ehe lösen, um die «Erbtochter» zur Frau zu nehmen. Nach zwei Jahren verließ ihn Julia, und Tiberius zog sich in ein freiwilliges Exil nach Rhodos zurück. Nicht nur die charakterlichen Unterschiede zwischen der lebenslustigen jungen Frau und dem ernsthaften, düsteren Gatten, sondern auch das schwierige Verhältnis des Tiberius zu den Söhnen Julias hatte die Ehe zerrüttet. Tiberius hatte schon früher Marcellus, dem ersten Gemahl seiner Frau, den Vorrang abtreten müssen. Nun stand er, der oberste Feldherr des Reiches, hinter den beiden Knaben Gaius und Lucius zurück. Sie waren die Adoptivsöhne des Augustus, er nur der Stiefsohn. Die tiefe Verdüsterung des Tiberius, die ihn als Herrscher im Alter dazu brachte, sich nach Capri zurückzuziehen, wird erklärlich, wenn man bedenkt, daß er, mit dem stolzen Charakter der herrschgewohnten Claudier, jahrzehntelang im Schatten leben mußte. Als er schließlich Princeps wurde, war er 56 Jahre alt, und er bestieg den Thron in dem Bewußtsein, daß ihn nur der Tod der übrigen Anwärter, nicht die eigene Tüchtigkeit, zu dieser Würde erhoben hatte.

Während sich Tiberius auf Rhodos den Wissenschaften widmete, ließ sich Julia in Rom in der Öffentlichkeit mit einem Schwarm von Verehrern sehen. Augustus machte ihr Vorwürfe und verwies auf die würdigen älteren Herren, die Livias Begleitung bildeten. Julia, ebenso schlagfertig wie schön, antwortete: «Wenn ich so alt bin, werden meine Begleiter auch ein so würdiges Alter haben.» *Ich habe zwei Töchter, die mir schwer zu schaffen machen, die res publica und Julia*, erklärte Augustus. Als fürsorglicher Vater riet er der Tochter sogar einmal, auf scharfe Färbemittel für ihr

Gemma Augustea. Roma und Augustus begrüßen Tiberius bei seiner siegreichen Rückkehr aus dem Krieg. Um 10 n. Chr. Wien, Kunsthistorisches Museum

rotblondes Haar zu verzichten. *Willst du lieber fahl oder kahl sein* [*cana an calva*]*?* fragte er sie.[98] Seiner einzigen Tochter gegenüber versagte Augustus' Menschenkenntnis. Er kam nicht auf den Gedanken, daß sie kein Opferlamm der Staatsräson mehr sein wollte, sondern nahm ihre Eskapaden als die eines verwöhnten Kindes nachsichtig hin. Schließlich aber wurden die Skandale zum öffentlichen Ärgernis. Man hörte von Trinkgelagen auf dem Forum, die einen catilinarischen Charakter hatten, und es wurden mehrere junge Patrizier als Julias Liebhaber namhaft gemacht. Augustus konnte nicht länger die Augen verschließen. Julia mußte nach dem Gesetz ihres Vaters, der lex Julia gegen Ehebruch, angeklagt werden. Dieses Gesetz sah vor, daß der Gatte, oder wenn dieser – wie Tiberius – nicht da war, der Vater die Anklage erhob. Augustus war maßlos in seinem Zorn und seiner Verbitterung. Er drang darauf, daß die ganze Härte des Gesetzes angewendet wurde. Julias Liebhaber wurden mit Tod und Verbannung bestraft, sie selbst im Jahre 2 v. Chr. auf eine einsame Insel verbannt und dort in strenger Haft gehalten. Obwohl sogar das Volk mehrmals für sie bat, blieb Augustus unerbittlich. Zu groß war seine Scham und Enttäuschung, daß ihm, der von der Welt vergöttert wurde, ausgerechnet sein eigenes Fleisch und Blut die Gefolgschaft versagte. 14 n. Chr. starb Julia, von Jugend auf das Opfer der Staatsräson, in der Verbannung. Schon Seneca hat hinter dem Skandalprozeß die Umrisse einer Verschwörung gesehen[99], an deren Spitze Jullus Antonius stand, der Sohn des Triumvirn. Als Pflegesohn der Octavia gehörte er zum julischen Hause und war von Augustus bis zum Konsulat erhoben worden. Jetzt wurde er zum Tode verurteilt. Julia aber war nicht nur eine schöne, lebenslustige Frau, sie war als Gemahlin Agrippas «Vizekönigin» des Ostens gewesen[100] und möglicherweise nicht damit zufrieden, keine Rolle mehr auf der politischen Bühne zu spielen, seit ihr Gatte Tiberius sich im selbstgewählten Exil befand. Augustus hatte die Erziehung ihrer Söhne ganz in die eigene Hand genommen und sie dem Einfluß ihrer Mutter entzogen. Man wird Julia nicht unterstellen, daß sie ihren Vater zu töten gedachte, sie wollte vielleicht Druck auf ihn ausüben, um einen «Regentschaftsrat» (Syme) für ihre Söhne einzurichten und sich ein Mitspracherecht zu verschaffen.

Obwohl die Katastrophe der Julia schwer auf dem Hause des Augustus lastete, kann sie doch nicht als Zeichen für ein Scheitern der Sittengesetzgebung angesehen werden. Die patriotisch-moralischen Reformgedanken des Augustus fanden in Italien einen fruchtbaren Boden. Allenthalben erbaute man Foren mit den Statuen berühmter Männer und war stolz, wenn ein Heros der römischen Geschichte aus der eigenen Stadt stammte. In den Landstädten galten die althergebrachten Wertvorstellungen keineswegs als altmodisch und überholt. Das Festhalten an der Vätersitte verlieh den Italikern nicht nur ein Selbstwert-, sondern oft sogar ein Überlegenheitsgefühl gegenüber der Hauptstadt. Wenn man sie dort als Provinzler belächelte, so konnten sie sich stolz darauf berufen, daß sie im Gegensatz zu den dekadenten Großstädtern die wahren Römer von guter alter Art seien. Vergil aus Mantua, Livius aus Patavium (Padua) und Horaz aus Venusia in Apulien priesen die Itala virtus und integrierten sie ins Römertum. Als «Mutter der Helden» rühmt Vergil nicht Roma, sondern die Saturnia Tellus, die Erde Italiens. Augustus selbst war ja ein traditionsverbundenes Mitglied der Mittelklasse Italiens.[101] Mit reiferem Alter kehrte er zu seinen Ursprüngen zurück: Er war blutsmäßig der Sohn jenes Gaius Octavius, dessen Pflichterfüllung und altrömische Sittenstrenge von Cicero gerühmt wurde. Sein Porträt zeigt ihn als einen Römer von alter Art (vgl. S. 13). In Italien und im Reich fühlte man sich durchaus von den erzieherischen Bemühungen des Augustus angesprochen. Die Wiederherstellung der Vätersitten in Familie und Staat war für weite Kreise ein Anliegen, mit dem man sich identifizierte. Der Sohn eines Zollbeamten aus dem sabinischen Ort Reate, der 69 n. Chr. als Kaiser Vespasian die julisch-claudische Dynastie ablöste, war das Musterbild eines sparsamen, wirtschaftlichen Hausvaters nach altrömischer Art, ganz im Sinne des Augustus. Die aufstrebenden Neubürger der Provinzen aber nahmen sich die «Vätersitten» zum Vorbild bei ihrer Integration in das Reich. Ein Jahrhundert nach Augustus' Tod beherrschten Kaiser aus Spanien das Imperium Romanum. Trajan und Hadrian bekannten sich zu den altrömischen Tugenden der Schlichtheit, Frömmigkeit und Pflichterfüllung. Gerade für die Epoche des Wahlkaisertums war der augusteische Wertekanon von grundlegender Bedeutung, denn es sollte ja jeweils der Beste zum höchsten Amt aufsteigen.

Zu Recht konnte Augustus in den *Res gestae* sagen: *Durch neue, auf meinen Antrag hin erlassene Gesetze habe ich viele vorbildliche Einrichtungen der Vorfahren, die schon aus dem Gedächtnis unseres Zeitalters schwanden, wieder erneuert und selbst für viele Dinge nachahmenswerte Vorbilder der Nachwelt überliefert* (Kap. 8).

Saeculum Augustum

Nach der Einweihung der Ara Pacis im Jahre 9 v. Chr. war der Janustempel ein drittes Mal geschlossen worden. Die längste Friedenszeit der Antike brach an, ein Zeitalter der kulturellen und wirtschaftlichen Blüte im ganzen Reich. Inschriften preisen Augustus als Hüter des Friedens. Unter seinem Schutz herrscht Eintracht unter den Städten und Sicherheit auf den Straßen des Imperiums, auf denen nun Händler und Reisende statt der Soldaten ziehen. Die Felder tragen wieder reiche Ernten, die in Ruhe eingebracht werden können. Man kann das Vieh weiden und Stiere aufziehen, wie Vergil es im Jahre 42 prophetisch verkündet hatte. Der skeptische Tacitus freilich sieht den Frieden als eine Art Narkotikum, mit dem Augustus seine Zeitgenossen betäubt habe, um seine Herrschaft um so sicherer zu errichten. Er sagt: Durch das süße Gefühl von Ruhe und Frieden hatte Augustus alle für sich eingenommen. Die Soldaten brachte er durch Geschenke, das Volk durch Getreidespenden und die Adligen durch einträgliche Ämter und Ehrenstellen auf seine Seite. Sie alle waren mit dem Prinzipat zufrieden, denn die Sicherheit der Gegenwart war ihnen lieber als das gefahrvolle Leben der Vergangenheit. Auch die Provinzen hatten keinen Grund, die Korruption und Mißwirtschaft früherer Zeiten zurückzuwünschen. Kein Wunder, meint Tacitus, waren doch die Jüngeren nach dem Sieg von Actium geboren, und selbst die Älteren entstammten der Bürgerkriegszeit. Wie viele gab es überhaupt noch, die die alte res publica erlebt hatten? [102] Die meisten waren Kinder von Krieg und Revolution, die nun die Segnungen des Friedens genossen.

Die Jahre des Augustus-Friedens erscheinen statisch gegenüber der Dynamik der Aufstiegsjahre. Es ist dabei aber eher an das Bild des Meeres zu denken, dessen glatte Oberfläche manche Untiefen verbirgt. Tacitus erklärt summarisch, man habe in jenen Jahren das Gleichheitsprinzip aufgegeben (wobei unklar bleibt, ob unter Zwang oder aus Bequemlichkeit), und jeder habe nur auf das Geheiß des Princeps geachtet.

In der Tat läßt sich an Hand der Überlieferung ein entsprechendes Bild erstellen. Es heißt häufig: Augustus verbot, verfügte, verordnete, beschränkte ... eine Fülle restriktiver Akte scheint anzuzeigen, daß sich der novus status zur Autokratie verfestigt hat. Diese Verordnungen des Augustus lassen sich jedoch auch als Reaktionen interpretieren: als ein Ge-

gensteuern, mit dem der Princeps sein Staatsschiff auf Kurs halten wollte. So hatte sich zum Beispiel die Beschränkung der Sitzungstermine des Senats auf zwei festgesetzte Tage im Monat als notwendig erwiesen, da infolge geringer Präsenz das Haus oft nicht beschlußfähig war. Auch die Ausschüsse litten an permanenter Auszehrung. Ihre Mitglieder wurden nun halbjährlich wechselnd durchs Los bestimmt. Sueton berichtet folgendes[103]: Bei wichtigeren Angelegenheiten forderte Augustus die Senatoren nicht in der althergebrachten Reihenfolge (d. h. nach Alter und Würden) zur Stimmabgabe auf, sondern wie es ihm beliebte. Dadurch mußte jeder aufmerksam bei der Sache bleiben, und es kam darauf an, ein eigenes Urteil abzugeben anstatt sich dem Vorredner anzuschließen.

Die parlamentarische Erziehung scheint manchmal über die Kräfte des alternden Mannes gegangen zu sein. Wenn er bisweilen, erbost wegen der unmäßigen Zänkereien der debattierenden Parteien, eilends die Kurie verließ, riefen ihm einige nach, es müsse doch schließlich erlaubt sein, über die Angelegenheiten des Staates zu diskutieren. Weitere Regelungen waren nötig, da sich zu wenige Männer als Geschworene zur Verfügung stellten, weil keiner das kostspielige Amt des Ädils übernehmen, kein Vater aus den alten Familien seine Tochter als Nachwuchs in die Obhut der Vestalinnen geben wollte usw. Augustus mußte eine Steuer zugunsten des Militärfonds erlassen, da sein Spendenaufruf einmütige Ablehnung hervorgerufen hatte. Er sah sich veranlaßt, die Offiziersstellen im Heer allgemein zugänglich zu machen, da die Patriziersöhne nicht mehr Soldat werden wollten. Das Jugendturnier des Troja-Spiels wurde wieder eingestellt, denn einige der jungen Herren und Offiziersanwärter waren dabei vom Pferd gefallen und hatten sich verletzt, was ihre Großväter zu entrüsteten Protesten im Senat veranlaßt hatte. Als der große pannonische Aufstand losbrach, zog Augustus' junger Verwandter Germanicus mit einem Heer aus Sklaven und Freigelassenen in den Krieg. War es so, daß «zu reichlich verwaltete Menschen vergaßen, wie sie sich selbst zu verwalten hatten»[104]? In der Tat erscheint das Staatswesen des Augustus heute als eine Art von «Wohlfahrtsdiktatur», mit einer Fülle von gutgemeinten Verordnungen und Gesetzen, die den einzelnen immer mehr einengten. Dabei sollten all diese Regelungen ja nur gewährleisten, daß nach den Schrecken der Bürgerkriege die «Wohlfahrt für alle» erhalten blieb. «Es bietet sich unseren Augen die schönste Vision eines Staates, dem zur vollkommenen Freiheit nichts fehlt als die Willkür zur Selbstzerstörung.»[105] Dies ist die Wunschvorstellung des Philosophen Seneca, dem die Zeit des Augustus schon als ein vergangenes goldenes Zeitalter erschien.

Die unermüdliche Sorge, mit der Augustus um einen optimus status rei publicae bemüht war, fand ihre offizielle Anerkennung in der Verleihung des Titels «Vater des Vaterlandes» (Pater patriae) im Jahre 2 v. Chr. (Es war das Jahr von Julias Verbannung!) Titel und Anreden als Dictator oder Gebieter (dominus) hatte Augustus stets zurückgewiesen, und auch die Würde eines Pater patriae nahm er erst an, als Delegationen aller Stände sie ihm antrugen. Im Namen des Senats grüßte Valerius Messala, der einstige Mitkämpfer von Philippi, den Princeps mit seinem neuen Ehrentitel, und dieser antwortete unter Tränen: *Da nun alle meine Wünsche erfüllt sind, Senatoren, was könnte ich da noch von den unsterblichen Göttern erflehen, als daß es mir vergönnt sei, bis ans Ende meines Lebens mit euch in diesem Einvernehmen zu bleiben?*[106] Die *Res gestae* schließen mit der Verleihung dieses Ehrennamens, die Augustus als Krönung eines Lebens im Dienste des Staates ansah. Pater patriae, dieser Titel bedeutet wie der Name Princeps keine staatsrechtlich fixierte Amtsbezeichnung, sondern gründet sich auf die Vorstellung des väterlich zu ehrenden Retters der Bürger.[107] Väterliche Ehren leiten sich aus der auctoritas her, diesem römischen Fundamentalbegriff, der für den pater familias ebenso gilt wie für den princeps. Der Titel verpflichtet seinen Träger zu gleicher Verantwortlichkeit, wie sie ein Vater gegenüber seinen Kindern besitzt.[108] Augustus war schon vorher Vater genannt worden; sowohl bei den Dichtern wie auf Statuen findet sich der Name bereits ab 19 v. Chr. Die offizielle Verleihung des Titels sagte nur aus, was längst schon die Meinung der Mehrheit war: Augustus war der Vater aller Römer, Heilbringer, Friedensstifter, Garant einer glücklichen Zukunft, derjenige, der sich um alles zu kümmern hatte – eine Vaterfigur par excellence. Einem solch überwältigenden Vaterbild gegenüber sind auch die konträren Reaktionen der Römer psychologisch durchaus verständlich: einerseits der hymnische Lobpreis der Dichter und andererseits die zänkische Kritik der Senatoren – Versuche, mit diesem Vaterbild fertig zu werden.

Der Art eines Vaters entsprach auch der erzieherische Elan, mit dem der Pater patriae sein Römervolk wie seine Familie auf rechtem Kurs – dem der Vorväter! – zu halten suchte. Er hatte eine bezeichnende Gewohnheit: Wenn er griechische oder lateinische Klassiker las, achtete er vor allem auf Vorschriften und Beispiele, die ihm für das öffentliche oder private Leben heilsam und beherzigenswert erschienen. Diese Stellen schrieb er sich wörtlich ab und schickte sie an seine Angehörigen wie auch an Heerführer, Provinzstatthalter oder städtische Beamte, je nachdem, wer gerade eine solch väterliche Ermahnung nötig hatte.

Von den Mitgliedern seiner Familie erwartete er, daß sie ein besonderes Wohlverhalten an den Tag legten. Seine Tochter Julia hatte dieser Erwartung nicht entsprochen. Deren Tochter, Julia die Jüngere, ließ sich vom Schicksal ihrer Mutter nicht abschrecken. Auch sie wurde wegen lasterhaften Lebenswandels und Ehebruchs verurteilt und auf eine einsame Insel verbannt. Vermutlich war, wie bei der Mutter Julia, eine Verschwörung der eigentliche Grund für diese harte Strafe. Die Hintergründe sind dunkel, aber der Führer der Verschwörung scheint der adelsstolze

Augustus als Pater patriae.
Dupondius, nach 22 n. Chr.
Berlin, Staatliche Museen,
Münzkabinett

Lucius Aemilius Paullus, Julias Gatte, gewesen zu sein. Es handelte sich bei den Verschwörern wieder um Männer altadliger Familien, die verlockt wurden, das Amt des Ersten Bürgers anzustreben. «Glaubst du, daß nur ich zwischen dir und dem Prinzipat stehe? Dann wäre Rom wahrhaftig arm dran. Ich bin das Haupt, gegen das die adlige Jugend ihre Dolche schärft.» So soll Augustus zu Lucius Cinna gesagt haben, der wegen eines Mordanschlags auf ihn verhaftet worden war.[109]

Im gleichen Jahr wie Julia traf auch den Dichter Ovid der Bannstrahl. Sein Exilort war das unwirtliche Tomis (heute Constanza) an der Schwarzmeerküste. Aus den spärlichen und bewußt dunklen Andeutungen in seinen Gedichten hat sich bis heute keine völlige Klarheit über Ovids Schuld oder sein Vergehen gewinnen lassen. In erschütternden Worten flehte der Verbannte um einen angenehmeren Exilort, wenigstens um ein Grab in der Heimat. Immer wieder vergegenwärtigte er sich die letzte Stunde daheim in Rom:

«Cum subit illius tristissima noctis imago ...»[110]

Tritt mir von jener Nacht das traurige Bild vor die Augen,
Welche als letzte mir schien in der römischen Stadt,
Ruf' ich die Nacht mir zurück, da ich vieles mir Liebe verlassen,
Gleitet noch jetzt eine Trän' mir aus dem Auge herab.
(Übers. von J. W. v. Goethe)

Mit unerbittlicher Härte hat der sonst so milde Augustus dem alternden Dichter die Heimkehr von den rauhen Küsten des Skythenlandes versagt. Man wird annehmen müssen, daß daran nicht die erotischen Dichtungen schuld waren, die im Widerspruch zur Sittenstrenge der julischen Gesetze standen. Ovid wird vielmehr eine Beteiligung Julias an der Verschwörung gedeckt haben. Zumindest war er Mitwisser – und damit ein Zeuge für das

Unglück und die Schande im erhabenen Hause des Augustus, das dieser so gerne als leuchtende Zierde altrömischer Familientugenden gesehen hätte.

Zu dem Kummer über die Kinderlosigkeit seiner Ehe kam die Scham und Verzweiflung über das Schicksal der beiden Julien. Längere Zeit mied Augustus jede Gesellschaft. Trost und Freude hatte er empfunden, solange seine beiden Stiefsöhne noch lebten. Tiberius und Drusus bewährten sich als tüchtige und loyale Feldherren und ersetzten Augustus den im Jahre 12 v. Chr. verstorbenen Agrippa. Bei den Enkeln deutet manches darauf hin, daß Julias Kinder eher verwöhnte Prinzen waren als die römischen Jünglinge von altem Schrot und Korn, wie sie dem Ideal des Großvaters entsprachen. Er überwachte ihre Erziehung bis ins kleinste, er, der Alternde, wartete ungeduldig darauf, daß sie heranwuchsen. Zwar ließ er sie vorzeitig Ämter und Ehrenstellen bekleiden, setzte aber jeweils hinzu: *Aber nur, wenn sie es verdienen!*[111] Einen Brief des Augustus an Gaius, den älteren der Adoptivsöhne, vom 23. September 1 n. Chr., hat uns der Literarhistoriker Gellius überliefert: *Sei gegrüßt, mein lieber Gaius, mein Augenstern, nach dem ich weiß Gott immer Sehnsucht habe, wenn er nicht da ist. An solch besonderen Tagen wie heute halten meine Augen allenthalben Ausschau nach meinem Gaius, und ich hoffe, Du hast, wo Du auch gewesen bist, munter und wohlauf meinen 64. Geburtstag gefeiert. Wie Du siehst, bin ich glücklich über das kritische Jahr aller älteren Leute, das 63., hinübergekommen. Ich bitte aber die Götter, den Rest meiner Tage, soviel mir noch bleibt, im glücklichsten Zustand des Staates verleben zu dürfen, während Ihr* (Gaius und Lucius) *wohlauf seid und tüchtige Männer werdet, die einst meinen Posten übernehmen können.*[112] Angesichts seines Greisenalters, einsam nach dem Tod der alten Freunde, war Augustus von Sorge erfüllt. Sein Amt erschien ihm nach altrömischem und philosophischem Vorbild als ein Posten (statio), auf dem man wie ein Soldat ausharren muß, bis man ihn ordnungsgemäß an einen Nachfolger übergeben kann. In den langen Jahren, in denen er auf Posten stand, hatte sich der Gedanke an eine Niederlegung seines Amtes, verbunden mit der Rückkehr zu republikanischen Verhältnissen, als immer unrealistischer erwiesen. Seit er bei seiner Krankheit im Jahre 23 das Rechnungsbuch an den Konsul übergeben hatte, war eine Fülle von Verwaltungsaufgaben aller Art hinzugekommen, die nur von der Kanzlei des Princeps bewältigt werden konnten. Nur bei diesem selbst liefen alle Fäden zusammen; er hatte den Überblick und die Kontrolle. Um diese Maschinerie zu leiten, mußte jemand beizeiten eingearbeitet werden. Außerdem mußte sich der präsumptive Nachfolger auf militärischem Gebiet die Sporen verdient haben. Der Prinzipat war so weit gefestigt, daß er nicht nach dem Tode seines Begründers «abgeschafft» werden konnte. Er war aber auch noch nicht so verfestigt, daß man, wie etwa beim Übergang von Claudius zu

Junger Mann,
1. Jh. v. Chr.

Nero, beim Ableben eines Herrschers der Kaiserstatue sozusagen lediglich einen neuen Kopf aufzusetzen brauchte.

Da die bewährten Männer der Aufbaujahre aber alle bereits tot oder zu alt waren, kamen für die Übernahme des Prinzipats nur Jüngere in Frage. Es war naheliegend, daß Augustus auf die eigenen Familienmitglieder zurückgriff. War er nicht selbst das beste Beispiel für eine erfolgreiche Familienpolitik? Auch das triumphgekrönte Bruderpaar Tiberius und Drusus bewies ja, was gute Anlagen, verbunden mit rechter Erziehung und Schulung, wert waren.[113] Die Claudier aber sollten Platzhalter sein für die jungen Julier, in denen sich die nova progenies, das Geschlecht des neuen Zeitalters, verkörperte. Augustus gedachte sie umfassend zu schulen, um sie dann als Garanten für den Bestand des Prinzipats hinterlassen zu können. Das waren die Vorstellungen des Augustus – aber war der Prinzipat in dem Moment, da er ihn vererbte, noch seine ursprüngliche Schöpfung, der Staat unter der Leitung des Mannes, der an auctoritas alle übrigen überragte? Was der Nachfolger haben würde, war «Fachwissen», das er freilich den anderen voraushatte, aber an die auctoritas der führen-

Kaiser Augustus erläßt das Edikt der allgemeinen Schätzung. Regensburger Perikopenbuch, um 1030. Bayerische Staatsbibliothek München

den Männer aus Roms Geschichte, eines Scipio oder Cato, würde er nicht mehr anknüpfen können. Er war nicht mehr princeps civium, er war Kaiser.

Die Hoffnungen des Augustus, die er auf seine Enkelsöhne setzte, sollten nicht in Erfüllung gehen. Aber es gehört zu den Wundern der Geschichte, daß unter Augustus dennoch ein neues Zeitalter anbrach: «Es begab sich aber zu der Zeit, daß ein Gebot vom Kaiser Augustus ausging ...» Während eines Provinzialzensus wurde in Judäa Jesus Christus geboren. Er erschien dem ersten christlichen Nachfolger des Augustus, Konstantin dem Großen, als jenes Kind des goldenen Zeitalters, dem Vergil prophetisch gehuldigt hatte. Eine römische Legende erzählt von einer Sibylle, die Augustus die bevorstehende Geburt eines Weltenherrschers verkündet habe. Bei dieser Weissagung habe Augustus in einer Vision am Himmel einen Altar mit der heiligen Jungfrau und dem Kinde erblickt und eine himmlische Stimme gehört, die rief: «Das ist die Jungfrau mit dem Weltenheiland und der Altar des Sohnes Gottes!» Anbetend sei Augustus niedergekniet und habe an dieser Stelle einen Altar errichtet: auf dem Kapitol, dort, wo noch heute die Kirche S. Maria in Ara Coeli (Himmelsaltar) steht.[114]

Augustus sah als Ziel seiner Herrschaft die Erhaltung des Friedens an; er gab für die Zukunft den Rat, das Reich innerhalb seiner Grenzen zu halten.[115] Daher mußte er bestrebt sein, das Imperium dort zu sichern, wo es keine natürlichen Grenzen besaß. Im Osten bildete der Euphrat eine stabile Reichsgrenze, seit Augustus den Parther-Frieden geschlossen hatte. Als dieser durch den Wechsel der Dynastie gefährdet schien, schickte Augustus im Jahre 1 v. Chr. den neunzehnjährigen Enkel Gaius mit weitreichenden Vollmachten in den Osten. Gaius erneuerte den Verständigungsfrieden mit dem Parther-König, wurde aber in die Thronwirren des Nachbarstaates Armenien hineingezogen und bei einem Attentat lebensgefährlich verletzt. Er siechte an seiner Wunde dahin und starb zwei Jahre später, ohne Rom wiedergesehen zu haben. Sein Tod im Jahre 4 n. Chr. traf Augustus um so härter, da 2 n. Chr. der jüngere Bruder Lucius unerwartet in Massilia an einer Krankheit gestorben war. Die schmerzliche Trauer des Augustus über den Tod seiner Söhne ist noch in den lapidaren Zeilen der *Res gestae* zu spüren: *Meine Söhne, die mir das Schicksal in jugendlichem Alter entrissen hat* ... (Kap. 14)

Die Mission des Gaius war erfolgreich gewesen; die Ostgrenze blieb stabil. Die kritischen Stellen des Reiches lagen an seiner offenen Flanke im Norden und Nordosten. Um die Alpenübergänge zu sichern, hatte man am Ausgangspunkt der Paßstraßen über den Großen und Kleinen St. Bernhard 25 v. Chr. die Militärkolonie Augusta Praetoria (Aosta) angelegt. 16 v. Chr. wurde das Königreich Noricum (Oberösterreich und Kärnten) dem Reich angegliedert. 15 v. Chr. brachen Tiberius und Drusus zu einem gemeinsamen Feldzug auf. Ihr Ziel war es, die Donau als sichere Reichsgrenze zu gewinnen. Sie kamen an den Oberrhein, drangen in den Alpenvorraum ein und besiegten die Stämme der Raeter und Vindeliker. Durch das Inntal erreichten sie die obere Donau. Das Gebiet wurde als Provinz Raetien mit der Hauptstadt Augusta Vindelicum (Augsburg) eingerichtet. Die Provinz wurde keineswegs straff militärisch organisiert; man errichtete lediglich Militärkolonien mit Handelsplätzen, baute Straßen und überließ die allmähliche Romanisierung nach bewährter Manier dem Aufblühen von Handel und Wandel.

Im mittleren Donauraum war in den illyrischen Kriegen das Gebiet bis zur Save unterworfen worden. In den Jahren 14 bis 9 v. Chr. zogen Agrippa und Tiberius gegen die Pannonier zu Feld und erreichten die

Augustus-Brunnen in Augsburg, 1593

mittlere Donau. Aus den Legionslagern Carnuntum (Petronell), Vindobona (Wien) und Aquincum (Budapest) entwickelten sich bald größere Ansiedlungen.

Neben Euphrat und Donau bildete der Rhein die dritte Stromgrenze des Imperiums. Er war «die Achillesferse der Reichsverteidigung» (Bengtson). Römer-freundliche Stämme wie die Ubier hielten die Wacht am Rhein gegen die Einfälle der rechtsrheinischen Germanen. Dennoch gelang es den Sugambrern im Jahre 16 v. Chr., dem römischen Feldherrn Lollius bei Aachen eine schwere Niederlage beizubringen. Augustus entschloß sich zu einer großangelegten militärischen Vorfeldsicherung, sozusagen einer «defensiven Offensive». Die Leitung erhielt sein Stiefsohn Drusus, dem die Kämpfe im Norden des Reiches den (erblichen) Beinamen Germanicus eintrugen. Er rückte in die Rheingegend ein, schuf sich Stützpunkte in Castra Vetera (Xanten), Moguntiacum (Mainz) und Augusta Treverorum (Trier). Als direkten Seeweg vom Rhein zur Nordsee baute er einen Kanal (fossa Drusi) von Utrecht zum Ijsselmeer.

Die Bataver, Friesen und Chauken fanden sich zu einem Bündnis bereit. In raschen Erkundungszügen stieß Drusus nun ins Innere Germaniens vor. Als erster Römer kam er im Jahre 12 v. Chr. bis zur Weser. Zwei Jahre später erreichte er auf einem Zug gegen Chatten, Cherusker und Markomannen die Elbe im Gebiet der Magdeburger Börde. Ob er dabei an eine Verkürzung der Grenzlinie von der mittleren Elbe zur Donau dachte (Elbe–Sudeten–Donau-Linie), muß Vermutung bleiben. An der Elbe erreichte der nordische Alexanderzug sein Ende. Dort soll Drusus eine Frau von übernatürlicher Größe erschienen sein, die rief: «Kehre um, unersättlicher Drusus! Es ist dir vom Schicksal nicht bestimmt, weiter vorzurücken, vielmehr ist das Ende deiner Mühen und deines Lebens nahe!»[116]

Auf dem Rückweg, im Gebiet der Saale, stürzte das Pferd des Drusus und begrub seinen Reiter unter sich. Infolge innerer Verletzungen oder einer Sepsis starb Drusus im Jahre 9 v. Chr., 30 Jahre alt. Ein Kenotaph, der Drusus-Turm (Eigelstein) bei Mainz, erinnert noch heute an den allseits beliebten römischen Feldherrn. Er war die sympathischste Persönlichkeit unter den jungen Männern des julisch-claudischen Hauses, nicht nur ein hervorragender Stratege, sondern auch von gewinnender Wesensart, dabei ein Verfechter republikanischer Grundsätze. Drusus hinterließ zwei Söhne, Germanicus, der ebenfalls erfolgreich in Germanien zu Felde zog und auch früh starb, sowie Claudius, den späteren Kaiser.

Den Oberbefehl in Germanien übernahm nun Tiberius. Er stieß nochmals bis zur Elbe vor, nahm Cherusker und Chatten als Verbündete an und besiegte die Langobarden. 5 n. Chr. lief ein großes Flottengeschwa-

Drusus (Nero Claudius Drusus d. Ä.) mit Lorbeerkranz. Aureus, um 41–54 n. Chr. von Kaiser Claudius zu Ehren seines Vaters Drusus geprägt. London, Britisches Museum

der von der Nordsee in die Elbe ein und vereinigte sich an der Luhemündung mit den Landstreitkräften. Mit dieser militärischen Demonstration galt die römische Eroberung als abgeschlossen.

Inzwischen aber hatte sich östlich der Elbe ein neues Machtzentrum gebildet. Der Markomannenkönig Marbod griff über Böhmen, Mähren und Schlesien bis zur Donau aus und bedrohte die Nord- und Ostgrenze. Augustus bot zwölf Legionen zur Unterwerfung Marbods auf. Er wollte dessen Reich als Pufferstaat gewinnen, ähnlich den für Rom so vorteilhaften Klientelfürstentümern des Ostens. Der Kriegszug gegen Marbod mußte sogleich nach Beginn wieder eingestellt werden, denn im Rücken der Heere brach ein gewaltiger Aufstand unter den Donauvölkern los. Er breitete sich wie ein Flächenbrand unter allen Stämmen Illyriens aus, möglicherweise regte das Beispiel des Marbod die Donauvölker dazu an, ihr Joch abzuschütteln. Für die an Frieden gewöhnten Römer war der pannonische Aufstand ein Schock. Das Reich war auf existenzbedrohende Kriege in keiner Weise vorbereitet. Es fehlte an Geld und Truppen;

Drususturm (Eigelstein), Mainz. 9 v. Chr.

Grabmal des M. Caelius aus Xanten, Centurio in der 18. Legion, gefallen in der Varus-Schlacht 9 n. Chr. Bonn, Rheinisches Landesmuseum

Hungersnot und Pest verschlimmerten die Lage noch mehr. Der über siebzigjährige Augustus reiste nach Ravenna, wo er den Militärhafen Classe gegründet hatte. Er wollte dem Kriegsgeschehen näher sein, hatte er doch vor mehr als 40 Jahren selbst die Kampfstärke der Pannonier und Illyrer erproben können. In langwierigen und verlustreichen Kämpfen gelang es Tiberius, von Drusus' Sohn Germanicus unterstützt, den Aufstand niederzuschlagen. Das Gebiet wurde in die Provinzen Illyrien und Pannonien geteilt und erhielt drei Legionen zum Schutz.

Noch bevor Tiberius seinen verdienten Triumph feiern konnte, kam eine neue Unglücksnachricht nach Rom. In Germanien hatte der Feldherr und Statthalter Varus eine vernichtende Niederlage erlitten.

Quinctilius Varus war zuvor Gouverneur in Syrien gewesen. Er behandelte die Germanen mit gleicher Selbstherrlichkeit wie die Syrer, die schon seit Alexander dem Großen im Untertanenstatus lebten. Statt eine allmähliche Binnenkolonisation abzuwarten wie in Raetien, wollte er Germanien sogleich straff als Provinz organisieren. Gutgemeinten Warnungen vor einem drohenden Aufstand schenkte Varus keinen Glauben, denn als Anführer nannte man ihm Arminius, den Stammesfürsten der Cherusker. Dieser aber war römischer Offizier gewesen, er besaß den Rang eines römischen Ritters und gehörte zum Stab des Varus. Insgeheim aber hatte Arminius die germanischen Stämme mobilisiert und legte nun einen Hinterhalt, als die Römer im September 9 n. Chr. von der mittleren Weser in die Winterquartiere nach Xanten marschierten. Im Gebiet des Teutoburger Waldes[117] lockte er Varus in eine enge Waldschlucht, in der das römische Heer, mit Troß und Gepäck beladen, keine wirksame Gegenwehr leisten konnte. Drei Tage und drei Nächte dauerte der Kampf, dann waren drei Legionen samt den germanischen Hilfstruppen, drei Reitergeschwadern und sechs Kohorten, niedergemacht, insgesamt über 20000 Mann. Varus gab sich selbst den Tod.

Ganz Rom geriet in Panik, als das Unglück gemeldet wurde. Seit den Niederlagen gegen Hannibal bei Cannae und die Parther bei Carrhae hatte man keine solchen Verluste mehr gehabt. Man mußte befürchten, daß die Germanen wie ein reißender Strom die gallischen Provinzen überfluteten. Augustus legte Trauer an und soll seinen berühmten Ausspruch getan haben: *Varus, Varus, gib mir meine Legionen wieder!*[118] Es gab keine nennenswerten Truppenreserven, da die Verluste des pannonischen Krieges noch nicht überwunden waren. Die römischen Bürgersöhne zeigten keine Neigung, ehrenvoll fürs Vaterland zu sterben, ein Einsatz der gallischen und germanischen Hilfsvölker aber schien zu gefährlich. Mit dem letzten Aufgebot aus Veteranen und Freiwilligen eilte Tiberius mit Germanicus an den Rhein. Als der sieggewohnte Feldherr erschien, kam der germanische Vorstoß zum Erliegen. Tiberius demonstrierte die römische Präsenz links des Rheines, die rechtsrheinischen Germanen machten keinen Versuch, den Strom zu überschreiten. Arminius konnte kein großes Reich nach dem Vorbild des Marbod errichten, er fiel der germanischen Zwietracht zum Opfer. Tacitus hat ihm einen Nachruf gewidmet: «Ohne Zweifel war er der Befreier Germaniens, ein Mann, der Rom nicht in seinen Anfängen, sondern in seiner höchsten Blüte herausgefordert hat.»[119] Diese Worte liest man noch heute am 1875 fertiggestellten Hermannsdenkmal im Teutoburger Wald. Als «Hermann der Cherusker» stieg Arminius im 19. Jahrhundert zum deutschen Nationalhelden auf. Mit seinen «Tugenden» von Untreue, Hinterlist und Verrat, bei denen der Zweck die Mittel heiligte, erscheint er als ein recht zwielichtiger Vertreter deutschen Heldentums.

Der Rhein hatte sich als natürliche Barriere erwiesen, und Augustus sah ein, daß er seiner ursprünglichen Grenzpolitik folgen und auf eine Erweiterung des Reiches verzichten müsse. Andernfalls hätte er ein riesiges Truppenaufgebot benötigt, aber er konnte und wollte das Imperium nicht in ein Heerlager verwandeln und die Wohlfahrt des Reiches durch horrende Militärkosten zerrütten (wie es später zur Völkerwanderungs-

Augustus. 1. Jh. n. Chr. Rom, Kapitolinisches Museum

zeit zwangsläufig geschah). Die rechtsrheinischen Eroberungen sollten nicht wiedergewonnen werden, das Reich endete am Rhein.

Die Grenzen des Imperiums waren gesichert, alle Gebiete befriedet und auch der letzte Schritt war getan: Der ungeliebte, aber unentbehrliche Reichsfeldherr Tiberius war zum Mitregenten eingesetzt. Augustus hatte sein Haus bestellt. Er war nun im 76. Lebensjahr und sehnte sich nach Ruhe. Sein Testament und seinen Tatenbericht hatte er bei den Vestalinnen hinterlegt, zusammen mit einer Denkschrift über die Finanzen und den gesamten Staatshaushalt. Tiberius war eingearbeitet und über alles eingehend informiert. Vorzeichen traten auf, die darauf hinzuweisen schienen, daß Augustus nicht mehr länger als 100 Tage leben werde. Er nahm sich vor, Tiberius, der nach Illyrien abreiste, noch ein Stück Weges zu begleiten. So fuhr er an der Küste Kampaniens entlang und gönnte sich einen ruhigen Aufenthalt auf Capri, den er in gelöster Stimmung genoß. Er freute sich herzlich über die Begrüßung durch Seeleute eines Schiffs aus Alexandria, die ihm zuriefen: «Du bist es, durch den wir leben, unsere Schiffahrt betreiben und Freiheit und Wohlstand genießen!» Sogleich gab er seinen Freunden Geld, damit sie Waren von jenem Schiff kauften.[120]

Augustus, voll gelassener Heiterkeit im Bewußtsein, daß seine Aufgabe erfüllt war – ist dies der Moment, um nach dem «privaten Augustus» zu fragen, nach Aussehen, Gewohnheiten und Vorlieben? Für die langen Jahre seiner politischen Tätigkeit gilt das Wort: «Sein Werk war er selber» (Buchan). Er war Vergils Aeneas, der den Schild mit Roms Geschicken auf die Schultern nimmt.

Nach Suetons Beschreibung war er ein wohlgestalteter Mann, voller Anmut in allen Lebensaltern. Das bestätigen auch die Bildnisse. Das Gesicht des Octavians-Typus läßt – bei aller Stilisierung – die unbeugsame Härte erkennen, die den Erben Caesars an die Macht brachte (vgl. S. 16). Späte Porträts, wie die Toga-Statue des opfernden Augustus (vgl. S. 107), stellen ihn so dar, wie er sich entschlossen hatte zu sein: als priesterlichen Vater, mit anmutsvoller Würde und mildem Blick. Diese Züge treten vor allem in den reiferen Jahren hervor, als jene stete Spannung von ihm gewichen war, sich vor dem Bild des Divus Julius behaupten zu müssen. Er war nun nicht mehr Caesar der Jüngere, er war Augustus, und man fühlt sich beim Anblick der späteren Porträts an den Ausspruch Schillers («Über Anmut und Würde») erinnert, daß Grazie das Erscheinungsbild einer Persönlichkeit präge, in der sich Pflicht und Neigung verbunden hätten. Welche Untiefen sein Charakterbild auch immer aufweisen mochte, es war Augustus' Leistung, sich zu einer apollinischen Erscheinung zu stilisieren und das Abgründige nach Kräften vergessen zu machen.

Bei aller Selbststilisierung war er jedoch kein Denkmal zu Lebzeiten. Davor bewahrte ihn sein bodenständig-vitales italisches Naturell, das ihm Frische und Natürlichkeit im Umgang mit Menschen verlieh.

Die schlichte Art und Lebensweise der Vorfahren wieder aufzunehmen war seinem Wesen gemäß. Seine Sprache war klar und ungekünstelt; sie umfaßte eine Fülle von Ausdrücken aus der ländlich-bäuerlichen Sphäre. So sagte er zum Beispiel: ... *schneller als man Spargel kocht, schlapp wie ein Lauchstengel, müde und abgespannt wie gekochtes Gemüse*. Die affektierte Ausdrucksweise seines Freundes Maecenas nannte er *parfümiertes Geschnörkel* und parodierte sie in einem Brief: *Lebe wohl, mein etruskisches Elfenbein, Perle vom Tiber, Juwel Italiens ... und um es kurz zu machen: Du weiches Hurenkissen!*[121] Wie es damals für einen Gebildeten üblich war, schrieb er Verse und Prosa, unter anderem eine Lebensgeschichte des Drusus. Von seiner Tragödie *Aias* gestand er freimütig, ihr

Tiberius. As, 22/23 n. Chr.
Berlin, Staatliche Museen,
Münzkabinett

Held habe sich nicht ins Schwert, sondern in den Schwamm gestürzt. Für die Dichter und Schriftsteller hatte er stets ein offenes Ohr. Horaz bekennt in seiner Epistel an Augustus: «Ganz gleich, ob du von Sorgen geplagt oder von deinem langen Arbeitstag müde bist, wir Dichter überhäufen dich mit unseren poetischen Ergüssen. Wir erwarten, daß du sogleich erkennst, wenn ein neues Meisterwerk im Entstehen ist, und den Dichter mit einem Ehrensold dem Kampf ums tägliche Brot entrückst.»[122] Als aber Augustus Horaz aufforderte, bei ihm Sekretär zu werden, um ihn zu entlasten, lehnte der poeta laureatus dankend ab, und Augustus nahm es gelassen hin.

Eine Anekdote[123] berichtet von einem griechischen Dichterling, der täglich an der Straße saß und Augustus seine Verslein zum Kauf anbot. Eines Tages wurde diesem die Aufdringlichkeit des Mannes zuviel; er verfaßte aus dem Stegreif selbst ein Gedicht und ließ es dem Griechen bringen. Dieser las es, zog einige Geldstücke heraus, um sie Augustus zu überreichen, und rief: «Bei deinem Glück, Erhabener, die Verse sind gut! Wenn ich mehr hätte, würde ich dir mehr geben!» Augustus gab sich lachend geschlagen und kaufte dem Dichterkollegen seine Produktion ab.

Dieser freien und offenen Art des Umgangs mit Menschen entsprach sein gänzlicher Mangel an Eitelkeit. Er ließ sich, damit es schneller ging, von mehreren Barbieren gleichzeitig das Haar schneiden und den Bart rasieren. Die einzige Konzession an sein Äußeres war, daß er in der Öffentlichkeit höhere Schuhe trug, um seine Körpergröße von 1,66 Meter etwas anzuheben. Zur ländlich-italischen Komponente seines Wesens gehörte auch eine starke, bis ins Abergläubische gesteigerte Religiosität. Träumen und Vorzeichen maß er große Bedeutung bei. So sah er es auch gern, daß sich allerlei Geschichten von Wundern und Zeichen um die Stätten seiner Geburt und Kindheit rankten. Man erzählte sogar, wie bei Alexander dem Großen, ein Gott habe seiner Mutter beigewohnt, als sie

Cameo Marlborough mit Bildnis des Augustus, Onyx, 1. Jh. n. Chr. Köln, Römisch-Germanisches Museum

im Tempel betete.[124] Aber Augustus nahm auch im Volk kursierende Schmähgedichte gelassen hin, ohne nach dem Urheber forschen zu lassen.

Sein Arbeitstag war ausgefüllt mit Arbeit und Pflichten. Schon am Vormittag war er unterwegs zu Senats- und Gerichtssitzungen, dann zu Ausschüssen und den verschiedenen Abteilungen der Verwaltung. Vor dem Schlafengehen arbeitete er in seinen Privatgemächern noch Akten durch und schrieb Briefe. Für Freizeitbeschäftigungen war da wenig Raum und auch wenig Bedürfnis. Von einer Vorliebe fürs Angeln wird berichtet, ebenso vom Würfelspiel, das er im Familien- und Freundeskreis betrieb, wo er sich hauptsächlich entspannte und erholte. In einem Brief erzählt er davon: *Wir haben, lieber Tiberius, das fünftägige Minervafest recht heiter verbracht. Wir haben nämlich alle Tage gespielt und das Würfelbrett nicht kalt werden lassen. Dein Bruder hat Ach und Weh geschrien, zu guter Letzt aber hat er fast alles wieder hereingeholt. Ich habe 20000 Sesterzen verloren, aber nur, weil ich sehr großzügig gespielt habe, wie das meine Art ist. Denn wenn ich alle erlassenen Würfe eingefordert oder das behalten hätte, was ich den einzelnen Mitspielern geschenkt habe, so hätte ich wohl an die 50000 gewonnen. Aber so habe ich's lieber. Denn mit meiner Freigebigkeit werde ich mir noch den Himmel verdienen.*[125]

Wie alle Römer liebte Augustus die Circusspiele, denen er sich mit Aufmerksamkeit widmete. Er las keine Akten im Circus, weil er wußte, daß dem Volk dies bei Caesar mißfallen hatte. Als er einmal sah, wie ein Ritter seine mitgebrachte Mahlzeit verzehrte, schickte er ihm ein Billett: *Wenn ich essen will, gehe ich nach Hause!* Der Ritter schrieb auf die Rückseite: «Du brauchst auch keine Angst um Deinen Sitzplatz zu haben!»[126] Am liebsten sah Augustus Faustkämpfe, aber nicht nur «Profiturniere», sondern auch solche, wie sie auf dem Lande üblich waren. Gladiatorenkämpfe auf Leben und Tod ohne Pardon verbot er. Obwohl er kein besonderer Verehrer des Griechischen war, förderte er die Aufführungen attischer Komödien, nicht nur des Menander, sondern auch die schon klassischen Stücke des Aristophanes. Besondere Geschenke, die er aus fernen Ländern erhielt, wie seltene Tiere und kostbare Gegenstände, stellte er im Circus zur Schau. Für sich selbst gab er wenig aus; sein hinterlassenes Mobiliar und Hausgerät war so bescheiden, daß es zu Suetons Zeiten kaum ein Privatmann hätte haben wollen. Seine Gewänder waren im Haus gewebt, er trug in der Öffentlichkeit die übliche Senatorentoga. Bei Gastmählern war er seiner Gesundheit wegen äußerst mäßig, nicht nur beim Essen, sondern noch mehr beim Trinken. Oft nahm er gar nichts zu sich, sondern aß vorher sein dunkles Hausbrot und ein paar Feigen. So hatte er Zeit und Muße, sich um seine Gäste zu kümmern und jeden, auch den Schüchternsten, ins Gespräch zu ziehen. Nachher verteilte er oft kleine Geschenke, etwa alte oder fremdländische Münzen. Beim Saturnalienfest, dem Vorläufer unseres Karnevals, gab es Schwämme, Rührlöffel oder dergleichen, mit Zettelchen, auf denen Spottverse standen. Den Freuden der Venus gegenüber war er nicht so abstinent wie bei den Gaben des Bacchus. Man erzählte von Liebschaften mit Senatorengattinnen, sogar mit der Frau seines Freundes Maecenas, doch scheint er den für Männer damals üblichen Spielraum dabei nicht überschritten zu haben.

Alles in allem war sein Privatleben gutbürgerlich-wohlanständig, durchaus im Einklang mit seinen Vorstellungen vom Ersten Bürger, weit entfernt vom Auftreten eines Nero oder Domitian. Es bleibt die große Tragik des Augustus, daß dieses Leben nicht noch bürgerlicher war – mit möglichst vielen Kindern gesegnet.

So, wie er es liebte, im Freundeskreis und bei heiterer Muße, verbrachte er auch seine letzten Lebenstage. Von Neapel aus wollte er Tiberius das Geleit geben, aber es befiel ihn eine Krankheit (möglicherweise wieder sein Leberleiden). In Nola in Kampanien mußte er sich im Landhaus seiner Familie zu Bett legen. Tiberius wurde benachrichtigt; er kehrte um und hatte eine lange geheime Unterredung mit Augustus. Danach befahl dieser seine Diener zu sich. Er ließ sich einen Spiegel reichen, sein Haar kämmen und seine Kinnladen mit einer Binde stützen. Dann berief er Livia und seine Freunde und stellte ihnen die Frage, ob sie nicht meinten, daß er das Spiel des Lebens ganz ordentlich gespielt habe. Als sie es bejahten, zitierte er die übliche Schlußformel der griechischen Komödie, die der Schauspieler an das Publikum richtet: *Habe ich mein Spiel gut absolviert, dann spendet mir Beifall und gebt mir alle als Freunde das Geleit!*[127] Dann ließ man ihn mit Livia allein. Er erkundigte sich noch nach einem kranken Kind aus der Familie, und als er den Tod nahen fühlte, wandte er sich an seine Frau: *Lebe wohl, Livia, und gedenke unseres gemeinsamen Lebens!* In Livias Armen starb er, fast 77 Jahre alt, am 19. August 14 n. Chr. Es war der gleiche Tag, an dem er vor mehr als einem halben Jahrhundert sein erstes Konsulat angetreten hatte. Er starb in dem gleichen Haus und dem gleichen Zimmer wie einst sein Vater Octavius. Es war ein ruhiger und schmerzloser Tod, wie Augustus ihn sich immer gewünscht hatte. Seine letzten Worte (in denen man fälschlich einen Ton des Zynismus zu hören glaubt) sind von jener Seelenruhe und Heiterkeit (hilaritas) erfüllt, wie sie die letzten Lebenstage des Princeps überglänzte. Das Leben als eine Rolle, die man so gut wie möglich spielen muß und für die man dann auch Beifall verdient – damit hat sich Augustus selbst am besten charakterisiert. Was wollte man Treffenderes sagen über den Mann, der als Caesaris ultor, als dux Italiae, als Princeps und pater patriae auf der Bühne der Weltgeschichte agierte und die Spannungen der Zeit in sich austrug.

Bei den Begräbnisfeierlichkeiten machte ein Senator den Vorschlag, man solle die ganze Epoche von Augustus' Geburt bis zu seinem Tod das augusteische Zeitalter, saeculum Augustum, nennen. Der Leichnam wurde auf dem Marsfeld verbrannt und im Mausoleum beigesetzt. Man erhob den toten Princeps wie einst seinen Vater auf öffentlichen Beschluß zum Divus. «Daß er ein Gott war, das glauben wir, aber nicht auf Geheiß von oben; wir bekennen nämlich, daß Augustus ein guter Princeps war und daß er den Namen eines Vaters wohl verdiente.»[128] So urteilt der Philosoph Seneca. Seinem stoischen Glauben gemäß hat sich Augustus als Wohltäter der Menschheit den Himmel verdient; um dies festzustellen, braucht man keinen Staatsakt. Die gleiche Überzeugung hatte Augustus selbst in scherzhaftem Understatement geäußert (vgl. S. 131).

Ob sich der Begründer des Principats den Himmel verdient habe oder nicht, darüber gehen seit jeher die Meinungen auseinander, angefangen mit dem abwertenden «Totengericht» des Tacitus und der Replik darauf bei Cassius Dio.[129] War er der «Schöpfer des besten Zustands» oder ein «Tyrann mit Samthandschuhen»? Oder sollten sich gar die Extreme berühren und eines ohne das andere nicht möglich sein? Cassius Dio, der nicht nur als Geschichtsschreiber, sondern auch als Beamter in Roms Diensten zwei Jahrhunderte des römischen Prinzipats überblickte, zeich-

Lotharkreuz, mit antikem Cameo des Augustus, Geschenk Kaiser Ottos III., um 990. Aachen, Domschatz

net ein durchaus kritisches Bild des Octavian-Augustus. Schließlich aber urteilt er: «Er hat die Monarchie mit der Demokratie verbunden und es den Römern ermöglicht, ohne demokratische Willkür, aber auch ohne tyrannische Übergriffe, in maßvoller Freiheit und unter einer Alleinherrschaft ohne Furcht in Frieden zu leben, als Untertanen ohne Knechtschaft und als Bürger ohne Zwietracht. Daher vermißten sie ihn nach seinem Tod sehr.» Augustus selbst würde, wenn man ihn vor ein «Totengericht» stellte, seinem pragmatischen Sinn entsprechend wohl auf das verweisen, was er der Welt gegeben hatte und wovon sie noch lange zehrte: Frieden und Weltbürgertum. Noch 500 Jahre später kann ein lateinischer Dichter Rom als Mutter aller Völker preisen:

> Ihrem friedebringenden Brauch verdanken wir es alle,
> daß der Fremde wie in der Heimat ist,
> daß einer seinen Wohnsitz wechseln kann, daß Thule zu sehen
> ein Spiel ist und einzudringen in einst grausige Entlegenheit,
> daß wir ohne Unterschied aus Rhone und Orontes trinken,
> daß wir alle ein einziges Volk sind.[130]

Der Dichter ist Claudius Claudianus, halb Grieche, halb Ägypter, Gefolgsmann eines Vandalen, der römischer Konsul und Reichsfeldherr ist: Stilicho. Die jungen Völker des Imperiums übernahmen den augusteischen Reichsgedanken und verwandelten ihn unter dem Einfluß des Christentums zur Idee des sacrum imperium. Karl der Große und die Ottonen nannten sich Imperatores Augusti. Die Vereinigung religiöser und weltlicher Macht symbolisiert das von Otto III. gestiftete Vortragekreuz aus dem Aachener Domschatz (sog. Lotharkreuz). Man sieht auf der Vorderseite das Bild des gekreuzigten Erlösers, auf der Rückseite aber das lorbeergeschmückte Haupt des Augustus. Er hatte mit der Pax Augusta den Boden bereitet für die Ankunft des Herrn und die Ausbreitung der Pax Christiana.

Unter den Habsburgern wandelt sich die mittelalterliche Idee des unter einem Friedenskaiser wiederhergestellten Imperiums zum Gedanken einer Synthese der europäischen Kulturelemente. In der Person des Kaisers verkörpert sich die Einheit des Vielvölkerstaates; sein Bild ziert die Amtsstuben von Wien bis in die hintersten Dörfer der Bukowina, so wie einst die Statue des Augustus die Foren aller Städte des Imperiums schmückte. Als im Jahre 1806 Kaiser Franz II. die Kaiserkrone des Heiligen Römischen Reiches niederlegt, geht eine Weltepoche zu Ende. Neue Reiche entstehen und vergehen, der augusteische Friedens- und Weltbürgergedanke aber bleibt lebendig und harrt weiterhin der Verwirklichung.

Anmerkungen

1 Sallust: Briefe an Caesar (Sall. ep. ad Caes.) I 8; Cicero: Rede für Marcellus (Cic. pro Marc.) 27
2 Caesar: Bürgerkrieg (Caes. bell. civ.) III 57
3 Sueton, Leben Caesars 77
4 Drei biographische Skizzen: Caesar, Cicero, Augustus. Frankfurt 1980 (ed. suhrkamp), vgl. auch: Caesar. Berlin 1982
5 Vgl. H. Gesche: Caesar. Darmstadt 1967, S. 154–172; K. Christ: Römische Geschichte. Darmstadt 1973, S. 141–145
6 H. Strasburger: Concordia ordinum. Frankfurt 1931, S. 43
7 Appian: Römische Geschichte: Die Bürgerkriege (App. bell. civ.) III 11f; Velleius Paterculus: Römische Geschichte (Vell. Pat.) II 60. – Der griechische Geschichtsschreiber Appian berichtet in seinem um 150 n. Chr. verfaßten Werk von den Anfängen Octavians bis zum sizilischen Krieg (36/35 v. Chr.). – Velleius Paterculus war Offizier unter Tiberius und schrieb einen Abriß seiner Zeit bis 30 n. Chr.
8 Es wird hier weiterhin der Name Octavian verwendet, da dieser sich allgemein eingebürgert hat, während «Caesar» der einmaligen Persönlichkeit des großen Feldherrn vorbehalten bleibt.
9 Vgl. Sueton, Leben des Augustus (Suet.) 25,4. – Der Kaiserbiograph Sueton hatte als Kabinettsekretär des Kaiser Hadrian Zugang zu den staatlichen Archiven; sein Werk bietet daher eine wichtige Quelle.
10 Ilias 18, 98f, zit. b. App. III 13
11 Cicero: Briefe an Atticus (Cic. ad Att.) XVI 11,6 (Tusculum-Ausg.)
12 Cicero: Philippische Reden (Cic. Phil.) V 50
13 Cicero: Briefe an seine Freunde (Cic. ad fam.) XI 18(20), 1 (Tusculum-Ausg.); Suet. Aug. 12
14 Cicero, Briefwechsel mit Marcus Brutus (Cic. ad Brut.) 12,2; 26,3 (Reclam-Ausg.)
15 App. III 92
16 Res gestae (res g.) 1 (Reclam-Ausg., hg. von M. Giebel)
17 Plut. Cic. 46; Ant. 19. Belastend Suet. Aug. 27, entlastend Cassius Dio: Römische Geschichte XLVII 7,1–3 (Dio). – Der griechische Geschichtsschreiber Cassius Dio schrieb um 200 eine römische Geschichte von den Anfängen bis in seine Zeit, die einzige vollständig überlieferte Geschichte des Octavian-Augustus von seinen Anfängen bis zu seinem Tode (Bücher 45–56).
18 Plut. Cic. 49
19 O. Seel: Cicero. Stuttgart ^{3}1967, S. 473
20 App. IV 8ff

21 Vgl. Suet. 81,1. Ein «katarrhalisches Leberleiden» diagnostiziert A. Esser: Caesar und die Julisch-claudischen Kaiser im biologisch-ärztlichen Blickfeld. Leiden 1958, S. 54, also eine durch Flüssigkeit vergrößerte Stauungsleber. Für ein chronisches Leberleiden könnte auch Suetons Angabe sprechen, Augustus habe über Brust und Unterleib verstreut ringförmige Körpermale gehabt (Aug. 80). Vgl. auch S. 91
22 Vgl. Dio XLVII 41,4
23 Suet. 15
24 Vergil, Eklogen (Verg. Ecl.) 9, 28; 1, 45. – Zur 4. Ekloge jetzt G. Binder, Lied der Parzen zur Geburt Octavians, in: Gymn. 90, 1983, S. 102–122
25 Dio XLVIII 37, 1–3
26 Vgl. hierzu W. Suerbaum: Merkwürdige Geburtstage, in: Chiron 10, 1980, S. 327–355
27 Tacitus Annalen (Tac. Ann.) I 10. Vgl. u. a. F. Altheim: Römische Religionsgeschichte (RG) I 109ff (Slg. Göschen); E. Kornemann: Große Frauen des Altertums. Bremen 1958, S. 172–221
28 Dio LVIII 2, 5
29 Vgl. D. Mannsperger: Apollon gegen Dionysos, in: Gymn. 80, 1973, S. 380–404; O. Immisch: Zum antiken Herrscherkult, in: Römischer Kaiserkult, hg. v. A. Wlosok. Darmstadt 1978, S. 122–155
30 Vgl. Ekl. 4, 36
31 Vgl. K. Kraft: Der Sinn des Mausoleums des Augustus, in: Historia 16, 1967, S. 189–206, bes. S. 200
32 Plut. Ant. 67ff; folgendes s. Ant. 83
33 Horaz: Oden (Hor. carm) I 37
34 Vergil: Aeneis (Vgl. Aen.) VIII 731
35 Vgl. Georgica (Georg.) I 498ff, übers. v. J. Götte
36 Vell. Pat. II 89, 1; vgl. auch II 86, 2
37 Seneca de clementia – Über die Milde (Sen. de clem.) I 11,1
38 Vgl. u. a. F. Altheim: Consensus universorum, in: RG II 116ff
39 Properz: Elegien (Prop. El.) II 15, 43ff, übers. v. W. Willige
40 Livius: Römische Geschichte (Liv.) I 19, 2
41 Ovid: Fasten (Ov. Fast.) II 62
42 Hor. carm. III 6, 5ff, das folgende: Epoden (epod.) 16, 9; 7, 1, übers. B. Kytzler/R. A. Schröder
43 Verg. Aen. I 294 als Höhepunkt der Juppiter-Verheißung
44 Hor. carm. I 35, 33ff; IV 15, 17ff
45 Plinius der Jüngere: Briefe (Plin. ep.) IV 25, 5
46 Vgl. hierzu A. Wlosok (Hg.): Römischer Kaiserkult. Darmstadt 1978
47 Cicero: De re publica – Vom Staat (Cic. de rep.) VI 13
48 Prop. El. IV 6, 11ff, übers. v. W. Willige
49 Horaz: Episteln (Hor. ep.) II 1, 216ff
50 Zum Haus des Aug. vgl. Suet. 72. Reste dieses Hauses sind direkt neben dem Tempelbezirk gefunden worden. Mit diesem Haus verbunden war das sog. Haus der Livia, berühmt wegen seiner Wandmalereien. Vgl. H. Kähler, Rom und seine Welt I Taf. 97, II S. 150f, und jetzt: G.. Carettoni, Das Haus des Augustus, Mainz 1983
51 Verg. Aen. VI 403
52 Dio LIII 12, 1. Er umschreibt damit den Begriff der cura.

53 Tacitus sagt von der tribunizischen Amtsgewalt, sie sei der Gipfel von Augustus' Machtbefugnissen gewesen (Ann. III 56)
54 Res g. 13; 32; 7
55 Vgl. R. Heinze: Auctoritas, in: Vom Geist des Römertums, hg. v. E. Burck. Stuttgart 1960, S. 43–58 (vgl. ebd. S. 163–171: Kaiser Augustus)
56 Cic. ad Brut. Brief 12, 2
57 Vgl. W. Hoben: Caesar-Nachfolge und Caesar-Abkehr in den Res gestae divi Augusti, in: Gymn. 85, 1978, S. 1–19
58 Suet. 28, 2; vgl. Cic. de rep. V 6(8)
59 J. Fernau: Caesar läßt grüßen. München 1971, S. 273
60 Ennius: Annalen (Enn. Ann.) 502 (Ausg. Vahlen)
61 Octavian selbst hatte an den Namen Romulus gedacht, da er sich als neuer Begründer Roms sah. Der Name war aber schon von Caesar beansprucht und mit dem Gedanken des Königtums verbunden worden.
62 Vgl. Res g. 34
63 Suet 29,5; Dio LIII 22,2
64 Suet. 28,2
65 Res g. 8
66 Suet. 25, 4
67 Dio LIII 25, 7
68 H. Malcovati: Imperatoris Caesaris Augusti operum fragmenta. Turin [4]1962, S. 159 XVIII (Sammlung von Zitaten, Bruchstücken aus Werken, Edikte u. a.)
69 In Alexandria hatte er Alexander an dessen Grab seine Reverenz erwiesen. Zum Siegel vgl. D. Kienast: Augustus und Alexander. In: Gymn. 76, 1969, S. 430–456, bes. S. 435
70 Vgl. hierzu A. D. Nock: Die Einrichtung des Herrscherkultes. In: Römischer Kaiserkult, hg. v. A. Wlosok, S. 377–388
71 Vg. U. Knoche: Die augusteische Ausprägung der Dea Roma, in: Römertum, hg v. H. Oppermann, (WdF Bd. 18). Darmstadt [4]1976, S. 359–399
72 Malcovati 156 XII (Quintilian VI 3, 77)
73 Zu einem solchen Provinzialzensus, einer Personenstandsaufnahme sämtlicher Einwohner, reisten die Eltern Jesu von Nazareth nach Bethlehem. Es wird vielfach das Jahr 7 v. Chr. angenommen; aus diesem Jahr ist ein solcher Zensus bekannt, das Jahr 4 v. Chr. aber ist als Todesjahr des im Geburtsbericht Jesu genannten Königs Herodes gesichert.
74 Vgl. H. Volkmann: Die römische Provinzialverwaltung der Kaiserzeit. In: Gymn. 68, 1961, S. 395–409
75 Cicero: Rede für Sestius (Pro Sest.) 97
76 Auf dem Obelisken, der, von Caligula nach Rom gebracht, heute auf dem Petersplatz steht, hat man eine ausgemeißelte Inschrift rekonstruiert, in der sich Gallus als Städtegründer rühmte.
77 Suet. 25,1
78 Malcovati S. 156 X (Quint. VI 3,65)
79 Res g. 16
80 Suet. 42,3
81 Suet. 42,1
82 Vgl. auch P. Sattler: Augustus und der Senat. Göttingen 1960, S. 70
83 Suet. 28,3

84 Vgl. D. Kienast: Zur Baupolitik Hadrians in Rom, in: Chiron 10, 1980, S. 391–412, bes. S. 399 mit Lit., M. Zepf: Der Mensch in der Höhle und das Pantheon, in: Gymn. 65, 1958, S. 355–382, bes. S. 374ff

85 Vgl. auch S. 49f

86 Verg. Aen. VI 883

87 Suet. 31,5

88 Vgl. R. Raffalt: Große Kaiser Roms. München 1977, S. 35–39

89 R. B. Bandinelli: Die römische Kunst. München 1975, S. 101, 104; vgl. auch K. Schefold: Römische Kunst als religiöses Phänomen. Reinbek 1964, S. 46f

90 F. A. Rehrmann. Hildesheim 1937

91 Die Säkularakten zit. bei A. Kießling/R. Heinze: Horatius Flaccus I: Oden und Epoden. Dublin–Zürich [13]1968, S. 469f

92 Hor. carm. saec. 49ff, übers. von B. Kytzler; vgl. Verg. Aen. VI 853

93 Verg. Aen. VI 791ff, übers. v. R. A. Schröder

94 Vergil: Landleben. Vergil-Viten, übers. v. K. Bayer. München [6]1981

95 Verg. Aen. I 33

96 Verg. Aen. VI 832f, I. 462. – Als Quintessenz der Beschäftigung mit dem Augusteer Vergil in seinem 2000. Todesjahr mag folgendes gelten: «Vergil ersehnt nicht ein Weltreich, sondern ein Friedensreich.» (E. Lefèvre, Vergil, Propheta retroversus, in: Gymn. 90, 1983, Sonderheft Vergil, S. 23)

97 Hor. Carm. III 24, 35; Tac. Historien (hist.) I 18

98 Malcovati S. 174 LXIII; LXV

99 Sen. de brevitate vitae – Von der Kürze des Lebens (de brev.) 5

100 Inschriften künden von ihrer Beliebtheit, nicht nur im griechischen Osten, sondern auch in Kärnten, vgl. J. Šašel: Huldigungsinschriften norischer Stämme am Magdalenensberg in Kärnten. In: Historia 16, 1967, S. 70–74

101 R. Syme: Die römische Revolution S. 471, hebt dies zu Recht hervor.

102 Tac. Ann. I 2,3; das folgende: Ann. I 4

103 Suet. 35,4; 54,1

104 J. Buchan: Augustus. Frankfurt 1979, S. 304

105 Sen. de clem. I 1,8

106 Suet. 58,2

107 Vgl. A. Alföldi: Der Vater des Vaterlandes im römischen Denken. Darmstadt 1978

108 Vgl. Sen. de clem. I 14,3

109 Sen. de clem. I 9, 5; 10

110 Ovid: Tristien (Ov. Trist.) I 3,1 ff – Vgl. auch W. Stroh: Ovids Liebeskunst und die Ehegesetze des Augustus, in: Gymn. 66, 1979, S. 323–352

111 Suet. 56,1

112 Gellius Noctes Atticae (Noct. Att.) XV 7,3 (Malcovati S. 16 XXII)

113 Vgl. das Preisgedicht des Horaz auf die beiden Claudier: carm. IV 4, bes. 25ff

114 Vgl. F. Gregorovius: Geschichte der Stadt Rom im Mittelalter. Bd. II 1, S. 201 (dtv-Ausg. München 1978)

115 Vgl. Tac. Ann. I 11 Ende.

116 Dio LV 1,3. Es handelte sich vermutlich um eine der weisen Frauen der Germanen, die Einfluß auf die Politik nahmen, wie die bei Tacitus erwähnte Wahrsagerin Weleda.

117 Der Ort der Schlacht ist bis heute nicht eindeutig bestimmt, vgl. Bengtson

S. 91. Die Lokalforschung bei H. Kesting: Der Befreier Arminius im Licht der geschichtl. Quellen und der wiss. Forschung. Detmold 1962 mit Karte S. 87 und W. Leise: Wo Arminius die Römer schlug. Wege auf Wasserscheiden führen zum Ort der Varusschlacht. Münster 1986

118 Suet. 23,2. Der Tag der Varus-Schlacht wurde als dies ater, als römischer Unglückstag, in den Kalender eingetragen.

119 Tac. Ann. II 88. – Arminius sollte als deutscher Nationalheld ein Pendant abgeben zu dem in Frankreich populären Gallierfürsten Vercingetorix, dem ritterlichen Gegenspieler Caesars.

120 Suet. 98,2

121 Suet. 86, 2; Macrobius Saturnalien (Macrob. Sat.) II 4, 12

122 Hor. ep. II 1, 220ff

123 Macrob. Sat. II 4, 31

124 Vgl. die Darstellung auf der sog. Portlandvase und ihre Deutung durch E. Simon: Die Portlandvase. Mainz 1957

125 Suet. 71,3

126 Malcovati S. 156 IX (Quint. VI 3,64)

127 Suet. 99,1

128 Sen. de clem. I 10,3

129 Tac. Ann. I 9 f; Dio LVI 35–46. Das Zitat: LVI 43,4

130 Claudian: Über das Konsulat des Stilicho (consul. Stil.) 3,150ff, übers. von F. Klingner in: Römische Geisteswelt. München ^{4}1961, S. 534f

Zeittafel

63 v. Chr.	23. September: Gaius Octavius (Octavianus-Augustus) in Rom geboren. Der Konsul Marcus Tullius Cicero deckt die Verschwörung des Catilina auf
49	Caesar überschreitet den Rubikon. Beginn des Bürgerkriegs
48	Schlacht bei Pharsalos: Caesar besiegt Pompeius und die Republikaner
45	Caesar Diktator auf Lebenszeit
44	15. März: Ermordung Caesars. Octavius im Testament adoptiert und zum Erben eingesetzt
43	21. April: Schlacht bei Mutina. Octavian siegt als Feldherr der Republik über Antonius. 19. August: Octavian Konsul (Marsch auf Rom). 27. November: Octavian schließt mit Antonius und Lepidus das Triumvirat
42	Schlacht von Philippi: Octavian und Antonius besiegen Brutus und Cassius
40	Perusinischer Krieg zwischen Octavian und Lucius Antonius. Oktober: Vertrag von Brundisium. Octavian erhält den Westen des Reiches, Antonius den Osten, Lepidus Afrika
38	Octavians Eheschließung mit Livia Drusilla
36	Sizilischer Krieg. Seesiege des Agrippa (Feldherr des Octavian) bei Mylae und Naulochos über Sextus Pompeius. Entmachtung des Lepidus
35–33	Feldzüge des Octavian in Pannonien und Illyrien
31	2. September: Sieg Octavians bei Actium über Antonius und Kleopatra
30	Einnahme Alexandrias, Tod des Antonius und der Kleopatra. Ägypten römische Provinz. Ende der Bürgerkriege
29	Neuordnung der östlichen Reichshälfte. Rückkehr des Octavian nach Rom. Schließung des Janustempels. Bau des Tempels für den vergöttlichten Caesar (Divus Julius). 13.–15. August: Feier des Triumphs
28	Beginn der staatlichen Neuordnung. Abbau der Ausnahmegewalt. Weihung des Tempels des Apollo Palatinus
27	13. Januar: Octavian legt sämtliche Vollmachten nieder. Wiederherstellung der Republik. 16. Januar: Befristete Neubeauftragung des Octavian durch den Senat. Verleihung des Ehrennamens Augustus. Beginn des Prinzipats
27–25	Augustus in Gallien und Spanien
23	Niederlegung des Konsulats, Verleihung der Amtsvollmachten der Volkstribunen (tribunicia potestas) und einer allen Provinzstatthaltern übergeordneten Befehlsgewalt (imperium proconsulare maius)

22–19	Augustus in Sizilien, Griechenland und Kleinasien
20	Verständigungsfriede mit den Parthern, Rückgabe der Feldzeichen von Carrhae
19	Tod Vergils. Erscheinen der «Aeneis»
18	Reformgesetzgebung des Augustus (leges Juliae)
17	31. Mai–3. Juni: Säkularfeier. Horaz verfaßt das Festlied. Adoption der Enkel Gaius und Lucius Caesar
16–15	Eroberung der Alpengebiete und des Alpenvorlandes bis zur oberen Donau
12–9	Eroberung Pannoniens bis zur mittleren Donau durch Tiberius. Vorstöße in Germanien bis zur Elbe durch Drusus und Tiberius
12	Augustus Pontifex Maximus. Tod Agrippas
9	Einweihung der Ara Pacis. Tod des Drusus
8	Tod des Horaz und Maecenas
2	Augustus Vater des Vaterlandes (Pater patriae). Einweihung des Mars Ultor-Tempels. Verbannung der Tochter Julia
2 n. Chr.	Tod des Adoptivsohns Lucius Caesar
4	Tod des Adoptivsohns Gaius Caesar. Adoption des Tiberius
4–6	Tiberius in Germanien
6–9	Pannonisch-dalmatischer Aufstand
9	Niederlage des Varus im Teutoburger Wald
12	Gleichstellung des Tiberius mit Augustus: tribunicia potestas und imperium proconsulare maius verlängert
14	19. August: Tod des Augustus in Nola. 17. September: Beschluß göttlicher Ehren (divus Augustus)
14–37	Tiberius Princeps

Zeugnisse

Nichts können die Menschen von den Göttern erflehen, was nicht Augustus dem Staat, dem römischen Volk und dem Erdkreis vor Augen gestellt hätte: Der zwanzigjährige Bürgerkrieg wurde beendet, die auswärtigen Kriege niedergeschlagen, der Friede zurückgerufen, die Raserei der Waffen unterdrückt. Den Gesetzen wurde ihr Gewicht, den Gerichten ihr Ansehen, dem Senat seine hohe Würde zurückgegeben, die Gewalt der Beamten in die Schranken gewiesen. Ruhe und Sicherheit unter den Menschen wurden wiederhergestellt.

Velleius Paterculus. Römische Geschichte. 1. Jh.

Sechsundfünfzig Jahre lang stand Augustus an der Spitze des römischen Reiches. Als er starb, wurde er nicht unverdient für gottähnlich gehalten. Es war nämlich wohl keiner glücklicher im Kriege und gemäßigter im Frieden. Er war in den 44 Jahren seiner Alleinherrschaft ungemein leutselig, allen gegenüber äußerst freigebig, seinen Freunden gegenüber von unverbrüchlicher Treue. Niemals vor ihm stand das römische Reich in solcher Blüte. Er hinterließ es im allerglücklichsten Zustand.

Eutrop. Kurze Geschichte des römischen Reiches. 4. Jh.

Augustus regierte im ganzen 56 Jahre, zwölf in Gemeinschaft mit Antonius, 44 aber allein. Wahrlich, nie würde er die höchste Gewalt im Staat an sich gebracht haben oder so lange in ihrem Besitz geblieben sein, wenn er nicht große, teils ihm von der Natur verliehene, teils durch eigene Bemühung erworbene Vorzüge besessen hätte.

Aurelius Victor. Kaisergeschichte. 4. Jh.

Es scheint zunächst so, als ob man einen Menschen nach den Hauptzügen seines Lebens beurteilen könnte; da nun aber, unserer Natur nach, Sitten und Meinungen unbeständig sind, habe ich immer wieder den Eindruck gewonnen, daß es verkehrt ist, sich darauf zu versteifen – auch gute Schriftsteller tun das –, aus uns ein einheitliches und fest zusammenhaltendes Gewebe herstellen zu wollen. Beim Kaiser Augustus ist das freilich nicht geglückt; denn bei diesem Mann sind die einzelnen Betätigungen so offenbar voneinander abweichend, sie ändern sich während seines ganzen Lebens immer wieder und oft so unerwartet, daß auch die kühnsten Beurteiler nicht zu einer Entscheidung kamen und es aufgeben mußten, ihn in seiner Ganzheit zu erfassen.

Michel de Montaigne. Essais. 1580

Sulla, ein hitziger Mensch, riß die Römer mit Gewalt zur Freiheit, Augustus, ein schlauer Tyrann, führte sie sachte zur Knechtschaft. Während die Republik unter Sulla neue Kräfte gewann, schrie jedermann über die Tyrannei, doch unter Augustus, als die Tyrannei sich verstärkte, sprach man nur von Freiheit.

Charles de Montesquieu. Betrachtungen über die Ursachen von Größe und Niedergang der Römer. 1734

Das ist es, worauf ich bestehe: Fast nie war ein schlimmer Regent glücklich, und Augustus genoß erst dann Ruhe, als er tugendhaft geworden war.

Friedrich II. von Preußen. Der Antimacchiavell. 1739

Ich sehe dich – o Augustus! – der du den ersten Purpur wieder trägst – die großen Geister deines Jahrhunderts lockst du mit kaiserlichen Belohnungen an deinen Thron. Herunter die Larve deiner Absichten – Roms Männerseelen willst du entnerven durch sanftes, wohllüstiges Gefühl, daß nimmer sie erhüben zur Rettung des Vaterlandes den furchtbaren Arm – willst prangen sehen deinen Namen im Lied deiner bestochenen Sänger, willst unsterblich werden mit den Unsterblichen!

Friedrich Schiller am 10. Januar 1779

Ich weiß nicht, ob die Geschichte in ihrem ganzen Umfang einen Sterblichen aufzuweisen hat, dessen Charakter zweideutiger, rätselhafter und schwerer unter einen Begriff zu fassen wäre als Augustus. Wer, der die Begebenheiten der fünfzehn Jahre seines Triumvirats und die Geschichte der übrigen 42 Jahre seiner Regierung gelesen hätte, könnte sich vorstellen, daß er das Leben einer und derselben Person gelesen hätte?

Christoph Martin Wieland. Vorrede zur Übersetzung von Horazens Brief an Augustus. 1782

Das Geschäft seines Lebens bestand nun eben darin, diese Gewalt, die Caesar besessen hatte und die im Moment ihrer Selbstbildung vernichtet worden war, haltbar und auf immer zu begründen. Er tat das mit einer Verbindung von Energie und Geschmeidigkeit, von politischer und kriegsmännischer Tätigkeit, welche nicht zum zweitenmal wieder vorgekommen ist.

Leopold von Ranke. Weltgeschichte. 1881

Augustus ist Mitte und Achse Roms, Träger des Göttlichen selbst. Und alles, was er als Aufruf der Massen, als Ehrung durch den Senat, als Selbstbescheidung vor den souveränen Gewalten, als Verhüllung liebt und zur Schau trägt, ist wie der Wille zur klassischen Form nur eine schöne Maske, hinter der die heilige Wut, der Wille zur Macht, der Glaube an das beste Blut, die Sicherheit gegenüber den irrationalen Mächten, die Heiterkeit, die Hoffnung auf Verewigung seines Werks und seines Namens wild wogen und wirken, wie sein frommes, gerechtes, mildes und männliches Rom Recht und Frieden und Sicherheit und Wohlfahrt verkündet und zugleich die Freiheit der Völker zerbricht.

Wilhelm Weber. Princeps. 1936

Caesars Erbe täuschte und zerstörte alle herkömmlichen Vorstellungen. Nicht umsonst bediente sich der Herrscher Roms eines Siegelringes mit einer eingravierten Sphinx. Der revolutionäre Abenteurer entzieht sich, nicht weniger als der reife Staatsmann, jedem Auffassungsvermögen und jeder Definition.

Ronald Syme. Die römische Revolution. 1939

Augustus gewann die Herrschaft über die Verhältnisse, indem er seine Macht in den Verhältnissen bewußt zurückhaltend ausübte. Nur indem er vorgab, etwas zu sein, was er nicht war, konnte er die neue Realität der Monarchie mit der alten der Republik versöhnen. Es wurde ihm dabei ein sehr hoher Grad an Selbstverleugnung abverlangt. Denn alle Macht zu haben unter der Bedingung, es nicht zu zeigen (oder wenigstens nicht offen durchblicken zu lassen), das ist gewiß keine leichte Sache.

Christian Meier. Augustus,
Die Begründung der Monarchie als Wiederherstellung
der Republik. 1980

Bibliographie

1. Wissenschaftliche Hilfsmittel

ANDERS, R. / GAUL, B. / KRECK, B.: Römische Geschichte. Eine Bibliographie. Darmstadt 1976

BINDER, G. (Hg.): Saeculum Augustum. Bd. I: Herrschaft, Gesellschaft, Religion. Darmstadt 1987 – Bd. II: Literatur und Kunst. Darmstadt 1988 – Bd. III: Kunst und Bildersprache

CHRIST, K.: Römische Geschichte. Einführung, Quellenkunde, Bibliographie. (= RG) Darmstadt [4]1990

CHRIST K.: Krise und Untergang der römischen Republik. Darmstadt [2]1984

FITZLER, K. / SEECK, O.: Julius (Augustus). In: Realencyclopädie der classischen Altertumswissenschaft (= RE) X, 1917, Sp. 275–381

HALLER, B.: Augustus und seine Politik. Ausgewählte Bibliographie. In: Aufstieg und Niedergang der römischen Welt. Geschichte und Kultur Roms im Spiegel der neueren Forschung (= ANRW), hg. H. TEMPORINI. II 2, 1975, S. 55–74

SCHMITTHENNER, W. (Hg.): Augustus. (Wege der Forschung = WdF Bd. 78) Darmstadt 1969 [mit Bibliographie wichtiger Zeitschriftenartikel]

WICKERT, L.: Neue Forschungen zum römischen Prinzipat. In: ANRW II 1, 1974, S. 3–76 [Neufassung und Ergänzung des RE-Artikels Princeps]

WICKERT, L.: Princeps. In: RE XXII 1954, Sp. 1998–2296

Über Neuerscheinungen orientiert jährlich L'Année philologique, Bibliographie critique et analytique de l'antiquité gréco-latine, ed. J. MAROUZEAU / J. ERNST u. a. Paris seit 1928, sowie vierteljährlich die Bibliographische Beilage der Rezensionszeitschrift Gnomon.

2. Selbstzeugnisse

Augustus: Res gestae. Tatenbericht. Lat.-gr.-dt. hg. v. MARION GIEBEL. Stuttgart 1975, [2]1980 (Reclam-Ausg.)

Res gestae divi Augusti. Hg. v. H. VOLKMANN. Berlin [3]1969

Augustus: Meine Taten. Lat.-gr.-dt. hg. von E. WEBER. München [5]1989

EHRENBERG, V. / JONES, A. H. M.: Documents Illustrating the Reigns of Augustus and Tiberius. Oxford [3]1983

MALCOVATI, E.: Imperatoris Caesaris Augusti Operum fragmenta. Turin [4]1962

3. Antike Quellen

APPIAN: Roman History: The Civil Wars. Gr.-engl. ed. H. WHITE. Bd. III u. IV. London [6]1979 (Loeb Classical Library = LCL)

CASSIUS DIO: Dio's Roman History. Gr.-engl. ed. E. CARY. Bde. IV–VII. London [4]1969 (LCL)

MARCUS TULLIUS CICERO: Philippische Reden. In: Staatsreden 3. Teil. Lat.-dt. hg. v. H. KASTEN. Darmstadt [2]1977

MARCUS TULLIUS CICERO: Briefwechsel mit Marcus Brutus. Lat.-dt. hg. v. MARION GIEBEL. Stuttgart 1982

NIKOLAOS VON DAMASKOS: Nicola Damascenus, Vita di Augusto, ed. G. TURTURRO. Bari 1945

Nicolaos of Damascus' Life of Augustus, ed. C. M. HALL. Northampton 1923

PLUTARCH: Leben des Caesar, Cicero, Antonius und Brutus, in: Große Griechen und Römer, Bd. 4 u. 5, übers. v. K. Ziegler/W. Wuhrmann. München–Zürich [2]1980

SUETONIUS TRANQUILLUS: Divus Augustus, ed. M. A. LEVI. Firenze [2]1958

SUETON: Leben der Caesaren, übers. v. A. Lambert. München [2]1972

TACITUS: Annales, Lat.-dt. ed. E. HELLER. München 1984

VELLEIUS PATERCULUS: Römische Geschichte. Lat.-dt. hg. von M. GIEBEL. Stuttgart 1989

ETIENNE, R.: Le Siècle d'Auguste (Quellen in frz. Übers. m. Einführung). Paris 1970

FREIS, H.: Historische Inschriften zur römischen Kaiserzeit. (Texte zur Forschung) Darmstadt [in Vorb.]

MEYER, R.: The Golden Age of Augustus. (Quellen in engl. Übers.) Toronto–Sarasota 1978

4. Darstellungen zur römischen Geschichte

ALTHEIM, F.: Römische Geschichte. Frankfurt 1951/Berlin [2]1956 (Slg. Göschen)
Römische Religionsgeschichte. Baden-Baden 1951/Berlin [2]1956 (Slg. Göschen)

BALSDON, J. P. V. D.: Das römische Weltreich. München 1970

BENGTSON, H.: Grundriß der römischen Geschichte mit Quellenkunde.
Bd. 1: Republik und Kaiserzeit bis 284 n. Chr. (Handbuch der Altertumswissenschaft III 5). München [3]1979

The Cambridge Ancient History, Bd. X: The Augustan Empire (44 v. Chr.–70 n.). London 1934, ND 1966

CHISHOLM, K./FERGUSON, J. (Hg.): Rome. The Augustan Age. Oxford 1981 [Quellenslg.]

CHRIST, K.: Das römische Weltreich. Aufstieg und Zerfall einer antiken Großmacht. Freiburg 1973
Krise und Untergang der römischen Republik. Darmstadt 1979
Römische Geschichte und Wissenschaftsgeschichte. Bd. I: Römische Republik und augusteischer Prinzipat. Darmstadt 1982
Geschichte der römischen Kaiserzeit. Von Augustus bis Konstantin. Darmstadt 1988

GESCHE, H.: Rom – Welteroberer und Weltorganisator. München 1981

HEUSS, A.: Römische Geschichte. Braunschweig–Darmstadt [5]1987

LAUFFER, S.: Römische Geschichte. München [3]1976
MEYER, E.: Römischer Staat und Staatsgedanke. München–Zürich [4]1975
ROSTOVTZEFF, M.: Gesellschaft und Wirtschaft im römischen Kaiserreich. 2 Bde. Heidelberg/Leipzig 1931, ND 1955
SCHNEIDER, H.: Sozial- und Wirtschaftsgeschichte der römischen Kaiserzeit (WdF Bd. 552). Darmstadt 1981
SYME, R.: Die römische Revolution. Stuttgart 1957, ND 1967

5. Biographien und Gesamtdarstellungen

BENGTSON, H.: Kaiser Augustus. Sein Leben und seine Zeit. München 1981
BERVE, H.: Kaiser Augustus. Leipzig 1934
BUCHAN, J. (Lord Tweedsmuir): Augustus. Frankfurt 1979, Herrsching 1988
CARTER, J. M.: Die Schlacht bei Actium. Aufstieg und Triumph des Kaisers Augustus. Wiesbaden 1972
EARL, D. CH.: Augustus und seine Zeit. Wiesbaden 1969
FUHRMANN, M.: Augustus. In: Die Großen der Weltgeschichte 2. Zürich 1972
GARDTHAUSEN, V.: Augustus und seine Zeit. 3 Bde. in 6 Teilen. Leipzig 1891–1904, ND Aalen 1964
GELZER, M.: Caesar und Augustus. In: Meister der Politik. Stuttgart–Berlin [2]1923, S. 121–170
HAMMOND, M.: The Augustan Principate in theory and practice during the Julio-Claudian period. New York [2]1968
HOLMES, RICE T.: The Architect of the Roman Empire. 2 Bde. Oxford 1928–1931, ND New York 1977
The Roman Republic and the Founder of the Empire. Oxford 1923
HÖNN, K.: Augustus im Wandel zweier Jahrtausende. Leipzig 1938
JONES, A. H.: Augustus. London 1970
KIENAST, D.: Augustus. Prinzeps und Monarch. Darmstadt 1982
LEVI, M. A.: Ottaviano capoparte. 2 Bde. Firenze 1933
MEIER, CHR.: Augustus. Die Begründung der Monarchie als Wiederherstellung der Republik. In: Die Ohnmacht des allmächtigen Diktators Caesar. Drei biographische Skizzen. Frankfurt 1980
MILLER, F. / SEGAL, E. (Hg.): Caesar Augustus. Seven Aspects. Oxford 1984
RAMAGE, E. S.: The Nature and Purpose of Augustus' ‹Res Gestae›. Historia Einzelschriften 54, 1987. Heidelberg 1987
TARN, W. W. / CHARLESWORTH, M. P.: Octavian, Antonius und Kleopatra. München 1967 [Übers. aus der Cambridge Ancient History]
VITTINGHOFF, F.: Kaiser Augustus. Göttingen 1959
WEBER, W.: Princeps. Studien zur Geschichte des Augustus Band I. Stuttgart–Berlin 1936 [nur Bd. I erschienen, darin ausführl. zu den Res gestae]

6. Zum Prinzipat und zur Herrscherideologie

ALFÖLDI, A.: Die zwei Lorbeerbäume des Augustus. Antiquitas 3, 14. Bonn 1973 (auch in: Römischer Kaiserkult S. 403–422)
Der Vater des Vaterlandes im römischen Denken. Darmstadt 1978

IMMISCH, O.: Zum antiken Herrscherkult. In: Aus Roms Zeitenwende. Leipzig 1931 (auch in: Römischer Kaiserkult S. 122–155)
INSTINSKY, H. U.: Die Siegel des Kaisers Augustus. Dt. Beiträge zur Altertumswiss. 16. Baden-Baden 1962
KLOFT, H.: Liberalitas Principis. Studien zur Prinzipatsideologie. Kölner Hist. Abh. 18. Köln–Graz 1970
KLOFT, H. (Hg.): Ideologie und Herrschaft in der Antike (WdF Bd. 528). Mit Bibliographie. Darmstadt 1979
MANNSPERGER, D.: Apollon gegen Dionysos. Numismatische Beiträge zu Octavians Rolle als Vindex Libertatis. In: Gymnasium (= Gymn.) 80, 1973, S. 381–404
PREMERSTEIN, A. v.: Vom Werden und Wesen des Prinzipats. Abh. Bayer. Ak. Wiss. phil.-hist. Abt. 15, München 1937
SCHÄFER, M.: Cicero und der Prinzipat des Augustus. In: Gymn. 64, 1957, S. 310–335
STAHLMANN, I.: Imperator Caesar Augustus. Studien zur Geschichte des Prinzipatsverständnisses in der deutschen Altertumswissenschaft. Darmstadt 1988
SYME, R.: The Augustan Aristocracy. Oxford 1986
TAEGER, F.: Charisma. Studien zur Geschichte des antiken Herrscherkultes. Bd. I. Stuttgart 1957, Bd. II 1960
TAYLOR, L. R.: The Divinity of the Roman Emperor. Middletown 1931
WALSER, G.: Der Kaiser als Vindex Libertatis. In: Historia 4, 1955, S. 353–367
WEINSTOCK, S.: Divus Julius. Oxford 1971
WELWEI, K.-W.: Augustus als vindex libertatis. Freiheitsideologie und Propaganda im frühen Prinzipat. In: Der altsprachliche Unterricht (= AU) XVI H. 3, 1973, S. 29–41
WICKERT, L.: Princeps. In: RE XXII (1954), Sp. 1998–2296
WIRSZUBSKI, CH.: Libertas als politische Idee im Rom der späten Republik und des frühen Prinzipats. Darmstadt 1967
WLOSOK, A. (Hg.): Römischer Kaiserkult, WdF Bd. 372. Darmstadt 1978

7. Darstellungen zur Zeitgeschichte und Politik

Atti del convegno di Studi St. Vincent: Problemi di politica augustea. Aosta 1986
ALFÖLDI, A.: Oktavians Aufstieg zur Macht. Antiquitas 1, 25. Bonn 1976
BENGTSON, H.: Zu den Proskriptionen der Triumvirn. SB Bayer. Ak. d. Wiss. phil.-hist. Kl. H. 3. München 1972
Marcus Antonius, Triumvir und Herrscher des Orients. München 1977
BLUMENTHAL, F.: Die Autobiographie des Augustus. In: Wiener Studien 35, 1913, S. 113–130; S. 267–288; 36, 1914, S. 84–103
BOTERMANN, H.: Die Soldaten und die römische Politik in der Zeit von Caesars Tod bis zur Begründung des Zweiten Triumvirats. Zetemata 46, München 1968
Center for Hermeneutical Studies in Hellenistic and Modern Studies (Hg.): On Judging the Merits of Augustus. Univ. of California-Berkeley 1984
CHRIST, K.: Zur Beurteilung der Politik des Augustus. In: Römische Geschichte und Wissenschaftsgeschichte. 1. Bd.: Römische Republik und augusteischer Prinzipat. Darmstadt 1982, S. 168–182

Zur augusteischen Germanienpolitik. s. o. S. 183–239
Die Dialektik des augusteischen Prinzipats. s. o. S. 253–263
Drusus und Germanicus. Paderborn 1956
DEININGER, J.: Die Provinziallandtage der römischen Kaiserzeit. Vestigia 6, München 1965
FRISCH, H.: Cicero's Fight for the Republic. Kopenhagen 1946
GELZER, M.: Cicero. Ein biographischer Versuch. Wiesbaden 1969
GESCHE, H.: Caesar. Erträge der Forschung (= EdF) Bd. 51, Darmstadt 1976
GIEBEL, M.: Cicero. Reinbek [5]1989 (rowohlts monographien 291)
GIRARDET, K. M.: Die Entmachtung des Konsulates im Übergang von der Republik zur Monarchie und die Rechtsgrundlagen des augusteischen Prinzipats. In: Palingenesia 30, Stuttgart 1990, S. 89–126
HANSLIK, R.: Die Augustusvita Suetons. In: Wiener Studien 67, 1954, S. 99–144
HEUSS, A.: Zeitgeschichte als Ideologie. Komposition und Gedankenführung der Res gestae. In: Monumentum Chilonense (Festschrift E. Burck) Amsterdam 1975, S. 55–95
HOBEN, W.: Caesar-Nachfolge und Caesar-Abkehr in den Res gestae divi Augusti. In: Gymn. 85, 1978, S. 1–19
HOFFMANN, W.: Der Widerstreit von Tradition und Gegenwart im Tatenbericht des Augustus. In: Gymn. 76, 1969, S. 17–33 [jetzt in: Saeculum Augustum I]
JOHN, W.: P. Quinctilius Varus. In: RE XXIV (1963), Sp. 907–984
KIENAST, D.: Augustus und Alexander. In: Gymn. 76, 1969, S. 430–456
KLINGNER, F.: Tacitus über Augustus und Tiberius. Interpretationen zum Eingang der Annalen. In: Studien zur griech. u. röm. Literatur. Zürich–Stuttgart 1964, S. 624–658
KRAFT, K.: Der Sinn des Mausoleums des Augustus. In: Kleine Schriften Bd. I, Darmstadt 1973, S. 189–206
Zur Münzprägung des Augustus. In: Kleine Schriften Bd. II, Darmstadt 1978, S. 291–337
MANUWALD, B.: Cassius Dio und Augustus. Palingenesia 14, Wiesbaden 1979
MEYER, H. D.: Die Außenpolitik des Augustus und die augusteische Dichtung. Kölner Hist. Abh. 5, Köln–Graz 1961
NOERR, D.: Planung in der Antike. Über die Ehegesetze des Augustus. In: Freiheit und Sachzwang. Beitr. zu Ehren H. Schelskys. Opladen 1977
SAMUELS, C. W.: The Mercury-Augustus identification. (Diss.) Los Angeles 1984
SATTLER, P.: Augustus und der Senat. Untersuchungen zur römischen Innenpolitik zwischen 30 und 17 v. Chr. Göttingen 1960
SCHMITTHENNER, W.: Octavian und das Testament Caesars. Eine Untersuchung zu den politischen Anfängen des Augustus. Zetemata 4, München [2]1973
SIGNON, H.: Agrippa. Freund und Mitregent des Augustus. Frankfurt 1978
TIMPE, W.: Untersuchungen zur Kontinuität des frühen Prinzipats. Wiesbaden 1962
TIMPE, W.: Arminius-Studien. Heidelberg 1970
URBAN, R.: Tacitus und die Res gestae divi Augusti. In: Gymn. 86, 1979, S. 59–74
VITTINGHOFF, F.: Römische Kolonisation und Bürgerrechtspolitik unter Caesar und Augustus. Abh. Ak. d. Wiss. u. Lit. 14, Mainz 1952
VOLKMANN, H.: Kleopatra, Politik und Propaganda. München 1953
WELLS, C. M.: The german Policy of Augustus. An Examination of the archaeological Evidence. Oxford 1972

ZIEGLER, K. H.: Die Beziehungen zwischen Rom und dem Partherreich. Ein Beitrag zur Geschichte des Völkerrechts. Wiesbaden 1964

8. Zur Geistesgeschichte, Literatur und Kunst

(Handbücher u. allg. Darstellg. u. a. bei CHRIST, RG S. 24)

ALTHEIM, F.: Römische Religion als Idee. In: Gymn. 61, 1954, S. 72–86

BINDER, G.: Aeneas und Augustus. Interpretationen zum 8. Buch der Aeneis. Beiträge zur klass. Phil. 38. Meisenheim (Glan) 1971

BRENDEL, O.: Ikonographie des Kaisers Augustus. Diss. Heidelberg 1931

BRINGMANN, K.: Struktur und Absicht des horazischen Briefes an Augustus. In: Philologus 118, 1974, S. 236–256

BUCHHEIT, V.: Der Anspruch des Dichters in Vergils Georgika, Dichtertum und Heilsweg. Darmstadt 1972

BUCHNER, E.: Die Sonnenuhr des Augustus. Mainz 1982

BUDDE, L.: Ara Pacis Augustae. Das Meisterwerk. Hannover 1957

BURCK, E. (Hg.): Wege zu Livius. III: Livius und Augustus, WdF Bd. 132. Darmstadt [2]1977

CARETTONI, G.: Das Haus des Augustus. Mainz 1983

DAHLMANN, H.: Die letzte Ode des Horaz. In: Wege zu Horaz, hg. v. H. OPPERMANN, WdF Bd. 99. Darmstadt [2]1980

DOBLHOFER, E.: Horaz und Augustus. In: ANRW II, 31.3.1981, S. 1922–1986

FUHRMANN, M.: Literatur unter Augustus. In: Kaiser Augustus und die verlorene Republik. Hg. Antikenmuseum Berlin (Ausstellungskatalog). Berlin 1988, S. 607–612

X HAUSMANN, U.: Zur Typologie und Ideologie des Augustusporträts. In: ANRW II, 12.2.1981, S. 513–598

X HEINTZE, H. v.: Römische Porträtplastik. Stuttgart 1961

HEINZE, R.: Die Augusteische Kultur. Leipzig–Berlin 1933, ND Darmstadt [2]1983

HOLTERMANN, J.: Der Friedensgedanke in der augusteischen Dichtung. In: AU VI H. 2, 1963, S. 73–116

JUNKELMANN, M.: Die Legionen des Augustus. Der römische Soldat im archäologischen Experiment. Mainz 1986

X KÄHLER, H.: Die Augustusstatue von Primaporta. Monumenta Artis Romanae 1. Köln 1959
Die Ara Pacis und die augusteische Friedensidee
Der römische Tempel. Berlin 1970/1982 [zum Pantheon]

KENT, J. P. C. / OVERBECK, B. / STYLOW, A.: Die römische Münze. München 1973

KLINGNER, F.: Virgil und die römische Friedensidee. In: Römische Geisteswelt. München [4]1961, S. 600–630
Horaz. Der Brief an Augustus. In: Studien zur griech. u. röm. Literatur. Zürich–Stuttgart 1964, S. 410–432

KNOCHE, U.: Die geistige Vorbereitung der augusteischen Epoche durch Cicero. In: Römertum, hg. von H. OPPERMANN, WdF Bd. 18. Darmstadt [4]1976, S. 203–223

KOSTER, S.: Vergil und Augustus. In: Palingenesia 30, Stuttgart 1990, S. 127–146

MARG, W.: Zur Behandlung des Augustus in den «Tristien» Ovids. In: Ovid (WdF), hg. M. v. ALBRECHT UND E. ZINN. Darmstadt [2]1982, S. 502–512

MASSNER, A.-K.: Bildnisangleichung: Untersuchungen zur Entstehungs- und Wirkungsgeschichte des Augustusporträts. (Diss.) Bern 1977, Berlin 1982
MATTINGLY, H. / SYDENHAM, E. A.: The Roman Imperial Coinage. I. Augustus to Vitellius. London [2]1962
MONTINI, I.: Il Ritratto di Augusto. Roma 1958
MORETTI, G.: Ara Pacis Augustae. 2 Bde. Roma 1948 (dt. Führer Roma 1962)
OGILVIE, R. M.: ...und bauten die Tempel wieder auf. Religion und Staat im Zeitalter des Augustus. Stuttgart 1982, München 1984
OTIS, B.: Ovids Liebesdichtungen und die augusteische Zeit. In: Ovid, hg. v. M. v. ALBRECHT und E. ZINN, WdF Bd. 92. Darmstadt 1968
PÖSCHL, V.: Die Dichtkunst Vergils. Berlin–New York [3]1977
Horaz und die Politik. In: Kleine Schriften I. Heidelberg 1979, S. 145–177
Grundzüge der augusteischen Klassik. In: Kleine Schriften I. Heidelberg 1979, S. 21–33
Virgil und Augustus. In: ANRW II 31. 2. (1981), S. 709–727
RODENWALDT, G.: Kunst um Augustus. Berlin 1942
SCHÄFER, M.: Zum Tellusbild auf der Ara Pacis Augustae. In: Gymn. 66, 1959, S. 288–301
SCHÜTZ, M.: Zur Sonnenuhr des Augustus auf dem Marsfeld. In: Gymn. 97, 1990, S. 432–457
SIMON, E.: Der Augustus von Primaporta. Opus nobile 13. Bremen 1959
Ara Pacis Augustae. Monumenta Artis Antiquae 1. Tübingen 1967
Augustus. Kunst und Leben in Rom um die Zeitwende. München 1986.
STIER, H. E.: Augustusfriede und römische Klassik. In: ANRW II 2, 1975, S. 3–54
STRASBURGER, H.: Vergil und Augustus. In: Gymn. 90, 1983, S. 41–77 [Sonderheft Vergil]
STROH, W.: Ovids Liebeskunst und die Ehegesetze des Augustus. In: Gymn. 86, 1979, S. 323–352
SUERBAUM, W.: Hundert Jahre Vergilforschung. Eine systematische Arbeitsbibliographie mit bes. berücksicht. der Aeneis. In: ANRW II 31. 1. 1980, S. 3–358
Gedanken zur modernen Aeneis-Forschung. In: AU XXIV H. 5, 1981, S. 67–103 [gute Einführung mit Lit.]
Vergils Aeneis. Beiträge zu ihrer Rezeption in Gegenwart und Geschichte. Auxilia 4, Bamberg 1982
SYDENHAM, E. A.: The Coinage of the Roman Republic. London 1952
WELWEI, K.-W.: Römisches Geschichtsdenken in spätrepublikanischer und augusteischer Zeit. Studientexte 3. München 1967
WILI, W.: Horaz und die augusteische Kultur. Basel 1948
WOODMAN, T. / WEST, D. (Hg.): Poetry and Politics in the Age of Augustus. Cambridge 1984
ZANKER, P. / VIERNEISEL, K.: Die Bildnisse des Augustus. Herrscherbild und Politik im kaiserlichen Rom, München 1979
ZANKER, P.: Prinzipat und Herrscherbild. In: Gymn. 86, 1979, S. 353–368
Studien zu den Augustus-Porträts. I. Der Actium-Typus. Abh. Akad. d. Wiss. phil.-hist. Kl. 3,85. Göttingen [2]1978
Forum Romanum. Die Neugestaltung durch Augustus. Tübingen 1972
Forum Augustum. Das Bildprogramm. Tübingen 1968
Augustus und die Macht der Bilder. München 1987

Namenregister

Die kursiv gesetzten Zahlen bezeichnen die Abbildungen

Über die Autorin

Dr. Marion Giebel, geboren 1939 in Frankfurt am Main, Studium der Klassischen Philologie und Germanistik, 1965 Promotion in Frankfurt bei Harald Patzer über «Athene als göttliche Helferin in der Odyssee. Untersuchungen zur epischen Aristie» (Marion Müller, Heidelberg 1966). Anschließend Verlagsausbildung. Als Verlagslektorin Herausgabe antiker und deutscher Literatur. Dann freiberufliche Tätigkeit als Autorin, Übersetzerin und Herausgeberin. Zweisprachige kommentierte Ausgaben, darunter mehrere Cicero-Reden, Briefe Ciceros, Quintilian, Sueton, Augustus, Plutarch, Livius, Plinius, Velleius Paterculus. Rowohlts Monographien «Cicero» (1977), «Sappho» (1980), «Vergil» (1986), außerdem: «Das Geheimnis der Mysterien. Antike Kulte in Rom, Griechenland und Ägypten», Zürich–München 1990. Regelmäßig Rundfunksendungen sowie Volkshochschultätigkeit. Lebt bei München.

Quellennachweis der Abbildungen

Alinari-Anderson: 24, 42, 88, 97, 102o. 102u., 103, 107, 127
Hirmer Fotoarchiv München: 10o., 10u., 16o., 16u., 22, 30, 45o., 45u., 46, 48, 51, 63li., 63re., 110, 117, 123, 129
Hartwig Koppermann: 6, 13, 54
Angelika Mugler: 77, 78, 79, 82, 84, 87, 96
Gunter Giebel: 8, 14, 19, 20, 23, 33, 34, 49, 56, 65, 67, 75, 89, 93, 94, 95, 99, 101, 124
Antikenmuseum der Kunstsammlungen der Ruhr-Universität Bochum: 37, 43, 105o., 105u., 119
Rheinisches Landesmuseum Bonn: 125
Kunsthistorisches Museum Wien: 111
Römisch-Germanisches Museum Köln: 31, 130
Staatliche Museen Preußischer Kulturbesitz Berlin: 52
Liebighaus Frankfurt am Main: 68
Historia Photo, Hamburg: 122
Helga Ruppert-Tribian: 60
Thiemig-Verlag: 120
Aachener Domschatz: 133
Klaus Schröter, Hamburg: 69

rowohlts bildmonographien

Thema Religion

Henri Marrou
Augustinus (008)

Otto Wolff
Sri Aurobindo (121)

Gerhard Wehr
Jacob Böhme (179)

Eberhard Bethge
Dietrich Bonhoeffer (236)

Gerhard Wehr
Martin Buber (147)

Maurice Percheron
Buddha (12)

Ivan Gobry
Franz von Assisi (16)

Eckhard Bernstein
Ulrich von Hutten (394)

Alain Guillermou
Ignatius von Loyola (74)

David Flusser
Jesus (140)

Johannes Hemleben
Johannes der der Evangelist (194)

Helmuth Nürnberger
Johannes XXIII. (340)

Hanns Lilje
Martin Luther (98)

Gerd Presler
Martin Luther King (333)

Émile Dermenghem
Mohammed (47)

André Neher
Moses (94)

Gerhard Wehr
Thomas Müntzer (188)

Claude Tresmontant
Paulus (23)

Solange Lemaître
Ramakrischna (60)

Harald Steffahn
Albert Schweitzer (263)

Johannes Hemleben
Pierre Teilhard de Chardin (116)

M.-D. Chenu
Thomas von Aquin (45)

Gerhard Wehr
Paul Tillich (274)

Hans Norbert Fügen
Max Weber (216)

Angelica Krogmann
Simone Weil (166)

bildmono rororo graphien

C 2057/9

rowohlts bildmonographien

Thema Geschichte

Gösta v. Uexküll
Konrad Adenauer (234)

Gerhard Wirth
Alexander der Große (203)

Bernd Rill
Kemal Atatürk (346)

Marion Giebel
Augustus (327)

Justus Franz Wittkop
Michail A. Bakunin (218)

Helmut Hirsch
August Bebel (196)

Wilhelm Mommsen
Otto von Bismarck (122)

Carola Stern
Willy Brandt (232)

Hans Oppermann
Julius Caesar (135)

Reinhold Neumann-Hoditz
Nikita S. Chruschtschow (289)

Sebastian Haffner
Winston Churchill (129)

Reinhold Neumann-Hoditz
Dschingis Khan (345)

Jürgen Miermeister
Rudi Dutschke (349)

Hermann Alexander Schlögl
Echnaton (350)

Herbert Nette
Elisabeth I. (311)

Georg Holmsten
Friedrich II. (159)

Herbert Nette
Friedrich II. von Hohenstaufen (222)

Heino Rau
Mahatma Gandhi (172)

Elmar May
Che Guevara (207)

Helmut Presser
Johannes Gutenberg (134)

Harald Steffahn
Adolf Hitler (316)

Peter Berglar
Wilhelm von Humboldt (161)

Herbert Nette
Jeanne d'Arc (253)

Wolfgang Braunfels
Karl der Große (187)

Herbert Nette
Karl V. (280)

Reinhold Neumann-Hoditz
Katharina II. die Große (392)

Gösta v. Uexküll
Ferdinand Lassalle (212)

Hermann Weber
Lenin (168)

Bernd-Rüdiger Schwesig
Ludwig XIV. (352)

Helmut Hirsch
Rosa Luxemburg (158)

Edmond Barincou
Niccolò Machiavelli (17)

bildmono rororo graphien

C 2053/9

rowohlts bildmonographien

Thema Geschichte

Tilemann Grimm
Mao Tse-tung (141)

Peter Berglar
Maria Theresia (286)

Friedrich Hartau
Clemens Fürst von Metternich (250)

Hans Peter Heinrich
Thomas Morus (331)

Giovanni de Luna
Benito Mussolini (270)

André Maurois
Napoleon (112)

Reinhold Neumann-Hoditz
Peter der Große (314)

Heinrich G. Ritzel
Kurt Schumacher (184)

Maximilian Rubel
Josef W. Stalin (224)

G. Prunkle und A. Rühle
Josip Broz-Tito (199)

Harry Wilde
Leo Trotzki (157)

Friedrich Hartau
Wilhelm II. (264)

bildmono ro ro ro graphien

C 2053/9 a